Gert Hartmann
Freude am Fahren

Gert Hartmann

Freude am Fahren

Eine kleine Ethik für Motorisierte

Chr. Kaiser

CIP-Titelaufnahme der Deutschen Biliothek

Hartmann, Gert:
Freude am Fahren : e. kleine Ethik für Motorisierte / Gert Hartmann.
- München : Kaiser, 1988
ISBN 3-459-01736-8

Printed in Germany.

Umschlag: Reinhard Liedtke, Gelnhausen
Umschlagfoto: Bildagentur Schuster GmbH, Oberursel
Gesamtherstellung: Breklumer Druckerei Manfred Siegel KG

INHALT

KLAUS-PETER JÖRNS

Eine segensreiche Reise ...

Dieses Buch geht auf ein Preisausschreiben besonderer Art zurück: Die »Bruderhilfe-Akademie für Verkehrssicherheit« (Kassel) hat einen Preis »für theologische Forschung auf dem Gebiet der Verkehrssicherheit« gestiftet und bereits zweimal ausgeschrieben. Gert Hartmann wurde 1987 erster Preisträger mit dieser, jetzt als Buch vorliegenden Arbeit.

Es ist überaus interessant festzustellen, daß das Thema der Verkehrssicherheit in der wissenschaftlichen theologischen Literatur nicht behandelt wird, und zwar auch nicht unter anderen Aspekten als den vom Preisausschreiben ausgewählten. Zwar gibt es seit langem eine »Evangelisch-Katholische Aktionsgemeinschaft für Verkehrssicherheit«, die sich bemüht, christliche Nächstenliebe mit einer sachgerechten Aufklärung über die Gefahren im Straßenverkehr und über Wege zur Verbesserung der Verkehrssicherheit zu verbinden. Aber die Stichwörter »Straßenverkehr« bzw. »Verkehrssicherheit« sind in der Ethik leider noch immer fast als unbearbeitet zu bezeichnen, sieht man von der von Hans und Thea Schulze vorgelegten Studie »Das Auto – Versuch einer theologischen Ethik« ab, die durch Hans Schulzes Erkrankung leider keine Fortsetzung hat finden können. Ich nutze die Gelegenheit, der Bruderhilfe meinen tiefen Respekt dafür auszusprechen, daß sie sich der Verkehrssicherheit nicht nur von der versicherungswirtschaftlichen, sondern gerade auch von der ethischen Seite her angenommen hat. Für diese Bemühungen steht das jährlich in Kassel abgehaltene »Verkehrssicherheits-Kolloquium«, aber dafür steht auch dieses Preisausschreiben.

Diese Gegebenheiten erwähne ich so ausführlich, um den Rahmen deutlich machen zu können, in dem Preisausschreiben und Preis zu sehen sind. Da war Neuland zu erschließen. Es ist zu spüren, daß dieser Umstand den Autor nicht nur belastet, sondern auch und vielleicht sogar noch mehr: gereizt hat, sich des Themas anzunehmen. Schon die Einleitung des Buches spricht davon, daß dieser Reiz den Autor zum Glück an einem Punkt erreicht hat, den auch alle anderen Menschen in sich haben – jedenfalls dann, wenn sie sich selbst einigermaßen unverstellt wahrnehmen: jenen Punkt nämlich, an dem sich die berühmten beiden Seiten in unserer Brust zu streiten pflegen, wenn es um die wirklich wichtigen Dinge im Leben geht.

Deshalb hat mich dieses Buch schon von den ersten Sätzen an als Leser gefangen genommen. Da redet einer zum Thema, wirklich *zum* Thema und nicht *über* das Thema (hinweg). Daß das so ist, hängt sicher damit zusammen, daß der Autor in der Ich-Form spricht. Doch dadurch allein erklärt sich die Anziehungskraft dieses Buches nicht. Wichtiger ist, daß die mitgeteilten Erfahrungen eine Gestalt haben, in der sich intellektuell und emotional Nachvollziehbares verbindet; noch wichtiger ist, daß diejenigen Erfahrungen nicht diskriminiert werden, die mit der Lust am Rasen zu tun haben – obwohl doch diese Lust der quasi »natürliche« Feind jeder Ethik des Straßenverkehrs zu sein scheint. Was später im Buch dann als der theologisch-anthropologische Ansatz des Autors näher entfaltet wird: das reformatorische »simul justus et peccator – Gerechter und Sünder zugleich«, kommt also bereits im Zusammenhang der Alltagserfahrungen von uns Autofahrern vor. Und gerade darin leistet Gert Hartmanns Buch einen wichtigen Beitrag zur Lösung des (zumal für Theologen) so schweren Problems, wie mit dem umgegangen werden soll, was »natürlich« ist.

Denn damit *muß* theologische Ethik ohne Diskriminierung umgehen können, wenn sie zur Verkehrssicherheit beitragen will. Was unser Fahrverhalten beeinflußt, wirkt ja von innen nach außen. Es muß seinerseits im Innern beeinflußt werden, wenn Veränderungen zustande kommen sollen. Nicht nur die intellektuelle Fähigkeit, vernünftige Fahrverhaltensregeln in ihrer Vernunft erkennen zu können, ist deshalb gefragt. Die Frage, um die es immer dringlicher geht, lautet: Wie kann jenes Zentrum angesprochen und auch erreicht werden, in dem nicht nur Pflicht und Neigung, Einsicht und Lust, sondern gerade auch die eine natürliche Lust (am beschaulichen Reisen) mit einer anderen natürlichen Lust (am Rasen) im Streit liegen?

Es spricht für den theologischen Ansatz dieser Arbeit, daß sie diesem für die Anthropologie und Ethik so wichtigen Streit ein ganzes Kapitel gewidmet hat und die beiden gerade der *Lust* zugewandten Seelen in unserer Brust, die unser Verhalten im Straßenverkehr steuern, so erst einmal ausführlich selbst hat zu Wort kommen lassen. Dadurch wird verhindert, daß Reisen und Rasen als die großen Alternativen sofort in ein Gefälle hineingeraten, in dem das Rasen als menschlich ganz unten stehend abgestempelt wird und infolgedessen auch theologisch gar nicht mehr ernstgenommen werden kann. Wahrscheinlich bleiben die Appelle an das Gewissen der Autofahrer, doch langsamer zu fahren und vernünftig zu sein, so schrecklich wirkungslos, weil sie der eigenen Vernunft des Rasens nicht genügend Aufmerksamkeit zuwenden und darum uns Menschen immer nur zur Hälfte erreichen.

Daß und wie Gert Hartmann einen anderen Weg gegangen ist, zeichnet seine Arbeit aus. Er stellt die These auf, daß der Slogan »reisen statt rasen« nicht nur einfach alternative Verhaltensweisen benennt, sondern diese »mit symbolträchtigen Begriffen« beschreibt – was zur Folge habe, daß Verstand und Phantasie sofort wahrnehmen, »daß es um mehr geht als um Verhaltensweisen, nämlich um unsere Gefühle und wesentlicher noch, um unsere Identität«. Hier wirkt sich aus, daß Hartmann nicht nur von einer psychologischen, sondern von einer theologisch-anthropologischen Grundposition aus denkt. Darum geht es für ihn nicht nur um ein Gegenüber von Lebensfreude im Rasen und Lebensfreude im Reisen: »Beide Gestalten der Lebensfreude weisen auf Lebenskonzepte«, ja auf »unterschiedliche Verständnisse von Gott, Welt und Mensch«. Und weil der Autor davon überzeugt ist, daß sich diese unterschiedlichen Verständnisse von Gott, Welt und Mensch am ehesten in der Sprache der Symbole und Alltags-Geschichten beschreiben lassen, gewinnen die von ihm selbst erzählten Geschichten (Erfahrungen), sofern sie für den Leser konsensfähig sind, Symbolcharakter.

Die Verwendung des Symbolbegriffes an dieser Stelle überrascht sicher manchen Leser. Sie wird aber klar vom Ziel des Gedankenganges her, der das Buch durchzieht und der schon in der Einleitung formuliert wird: Wenn es stimme, daß beim Autofahren nicht Lust gegen Pflicht, sondern Lust gegen Lust steht, dann gehe es auch nicht um den Gegensatz von Einsicht und Torheit, sondern dann stehe letztlich »Glaube gegen Glaube«. Und darum sucht das Buch keine Rezepte für eine »eilige Ethisierung«, sondern einen eigenen Weg theologischen Nachdenkens, um dem »alltagspraktischen Thema« Straßenverkehr bzw. Verkehrssicherheit gerecht zu werden: »Das Autofahren macht Spaß und ist eine ernste Angelegenheit. Also muß auch eine diesbezügliche Theologie ernst sein und Spaß machen. Wie könnte sie sonst die Seele des Autofahrers erreichen?« Mit meinen Worten geredet, lautet diese Frage: Wie könnte sie sonst die *beiden* Seelen in unserer Brust erreichen?

Die Mitglieder des Preisrichterkollegiums der Bruderhilfe-Akademie für Verkehrssicherheit (Volker Eid, Bamberg; Antonellus Elsässer, Eichstädt; Christof Gestrich, Berlin; Jürgen Hübner, Heidelberg; Klaus-Peter Jörns) sind der Meinung gewesen, daß dies eine angemessene Wegbeschreibung für eine theologische Arbeit zu Fragen der Verkehrssicherheit ist. Zwar haben einige von ihnen an manchen Stellen so manche klassische Frage – und auch Antwort – vermißt, die sich mit bestimmten theologischen Denkfiguren verbindet. Doch das liegt wohl zuerst daran, daß die andere Seele in unserer Brust, die mit dem versteckten oder doch verkleideten Spaß an dem zu tun hat, was ethisch gern geächtet, gleichwohl aber von den allermeisten (zumindest dann und wann) praktiziert wird, in diesem Buch anders als üblich bewertet wird: nämlich als Ausdruck eines (anderen) Glaubens, der im Alltag gegen den Glauben an den rechtfertigenden Gott streitet. Insofern bietet das Buch nicht nur eine Lösung für das Problem an, wie theologisch mit dem umgegangen werden soll, was »natürlich« ist, sondern hier wird auch der Ethik in ganz gewisser Weise ein anderes Paradigma angeboten.

Der Autor macht mutig und zielstrebig davon Gebrauch, daß er Erfahrung mit der Erfahrung hat. Und er hat auch kritisch fragende Preisrichter davon überzeugen können, daß gerade jene Erfahrung, daß im Straßenverkehr im Grunde nicht Lust gegen Pflicht, sondern Lust gegen Lust steht, einen wichtigen Beitrag zu einer akzeptablen Ethik des Straßenverkehrs leisten kann, wenn sie nicht für sich genommen, sondern innerhalb eines für (katholische wie evangelische) Theologen konsensfähigen *theologischen* Rahmens bedacht wird. Denn in jener Erfahrung drückt sich doch aus, daß es nichts bringt, wenn wir die Menschheit aufteilen in Einsichtige hier und Hinterweltler dort und natürlich uns selbst dabei auf der Seite der Einsichtigen etablieren. Richtig – d.h. aber in unserem Zusammenhang: theologisch angemessen – reden wir in Sachen Straßenverkehr erst, wenn klar herauskommt, daß auch die schnelle Mobilität ihre menschliche Vernunft hat, ja, mehr noch: daß auch die erkannte Unvernunft des Rasens einen – zumindest kurzfristigen – Gewinn bringen kann und bringt, der kaum einem von uns wirklich fremd bleibt. Was uns aber nicht fremd ist, ist dem Wortsinn nach auch nicht unmenschlich; wohl aber kann es schädlich für uns sein, ja unter Umständen sogar heillos. Und darum gilt es zu fragen: Was hat von dem, was wir tun, Segen, und was hat keinen Segen bei sich? Dabei muß allen Fragen Priorität gegeben werden, die nach dem Segen und seiner Vermehrung in der Welt fragen. Natürlich geht es nicht darum, Ritualien zu vermehren. Diese Arbeit zeigt aber, daß es dennoch sinnvoll ist, neu über den Reisesegen nachzudenken und ihn in eine zeitgemäße ökumenische *praxis pietatis* einzugliedern – unter Zuhilfenahme natürlich auch von Symbolfiguren wie dem (offiziell nicht mehr heiligen) Heiligen Christophorus – wie sich das für einen Gestalttherapeuten wie Gert Hartmann so gehört.

Es versteht sich fast von selbst, daß dieses Buch keine generelle Skepsis oder gar Feindseligkeit gegenüber dem Auto oder der Technik verbreitet. Die Entscheidung für ein Fahrverhalten, das der »Pilgerreise« entspricht und sich von der »wilden Jagd« abwendet, soll sich ja gerade im Umgang mit Auto und Technik bewähren – als mit ihrer Hilfe zu erlangende Lebensfreude. Doch was ist mit den Toten und Verletzten, die auch bei einem Fahrverhalten, das der »Pilgerreise« nahekommt, nicht ausbleiben werden? Diskreditieren sie die Grundgedanken dieses Buches? Wer so argumentieren wollte, brauchte überhaupt nicht nach einer Ethik des Straßenverkehrs zu fragen. Er müßte im Grunde nach einer *anderen* Welt und nach *anderen* Menschen fragen. Gerade das aber kann theologische Ethik, deren anthropologisches Paradigma der im Glauben gerechtfertigte Sünder ist, nicht.

Gert Hartmann hat die mit dem Preisausschreiben verbundene Herausforderung der Theologenzunft angenommen. Damit hat er ein Beispiel gegeben, das hoffentlich dazu führt, daß Fragen des Verhaltens im Straßenverkehr zu einem lebhaft diskutierten Thema der theologischen Ethik werden. Es kommt darauf an, daß das, was jetzt wichtig ist, auch jetzt bedacht und bearbeitet wird. Dabei müssen die theologischen Fragen und Aussagen der Vergangenheit mit den Erfahrungen verbunden werden, die wir in der Gegenwart machen und die eben nicht nur alte, sondern auch neue Fragen stellen. Die aber warten, was eine Ethik des Straßenverkehrs angeht, erst einmal darauf, theologisch wahrgenommen zu werden! Nicht zuletzt dafür möge dieses Buch sorgen. In diesem Sinne wünsche ich Gert Hartmanns Plädoyer für den Reisesegen eine segensreiche Reise.

Berlin, Oktober 1987

VORWORT

Anlaß zu dieser Arbeit gab das Preisausschreiben der Bruderhilfe-Akademie für Verkehrssicherheit: »Haben Kirchen(gemeinden) eine Pflicht und auch Möglichkeiten, zur Sicherheit im Straßenverkehr beizutragen?«

Dort habe ich das Manuskript im Herbst 1986 eingereicht mit dem Titel »Freude am Fahren«.

Den Titel habe ich gewählt, weil ich trotz aller, natürlich auch mir bewußten Unerfreulichkeiten des Straßenverkehrs gerne autofahre. Ein überwiegend und eindeutig kritischer Zugang wäre freilich nicht nur unehrlich gewesen. Denn ich bin davon überzeugt, daß aus Partizipation und wohlwollendem Interesse mehr zur Kultivierung beizutragen ist, als aus skeptischer Einstellung.

Seit Herbst 1986 hat sich die Situation allerdings verändert, nicht in erfreulicher Richtung. Durchschnittsgeschwindigkeiten und Unfallzahlen sind wieder gestiegen, Zeitungen und Fernsehsendungen klagen über Raserei und Rowdytum. Die Explosion eines Tanklastzuges in meiner jetzigen Heimatstadt Herborn hat auf die Gefahren des LKW-Verkehrs schockartig aufmerksam gemacht. »Freude am Fahren« immer noch? Ich setze mich immer noch gern ans Steuer. Und: Was anders als die Freude am Fahren verursacht denn einen großen Teil der sattsam bekannten Probleme? Sonst würden so viele zu Hause bleiben oder die Bahn benutzen, daß z.B. von Staus keine Rede mehr wäre.

Ich habe das Manuskript ergänzt und bin auf einige problematische Seiten des Verkehrs stärker eingegangen. Aber ich will die Freude am Fahren nicht diskriminieren. Ich versuche, sie zu beschreiben, sie zu deuten und ihre Motive zu verstehen. Dazu ist mein professionelles Handwerkszeug die Theologie.

Selbstverständlich muß auch kritisch geredet werden. Denn eine Freude, die vor ihren irrationalen Motiven und destruktiven Formen die Augen verschließen läßt, ist nichts wert und würde die Opfer beleidigen. Sie kann aber auch geläutert werden. Dadurch würde der Verkehr erfreulicher.

Herborn, im September 1987 G.H.

Einleitung

»Reisen statt rasen«, sagt mir ein Plakat an der Autobahn.

»Wir Christen sind an dieser Stelle (Geschwindigkeitsbegrenzung und Abgaskatalysatoren) in besonderer Weise in die Pflicht genommen«, sagt mir ein Rundschreiben des »Leitenden Geistlichen Amtes«[1], fügt statistische Daten über die Relation von Geschwindigkeit, Emission und Unfallzahlen an und empfiehlt mir die Selbstverpflichtung, ... »auf Landstraßen nach Möglichkeit nicht schneller als 80 km/h und auf Autobahnen nicht schneller als 100 km/h zu fahren«.

»Reisen statt rasen« leuchtet mir ein, besonders wenn ich sowieso mit mäßiger Geschwindigkeit die Autobahn entlanggleite. Es lädt mich ein, nebenbei die Landschaft wahrzunehmen und die Rasthäuser. In meiner Phantasie tauchen Bilder auf von Urlaub, Abenteuer, Entdeckungen. Schiffsreise fällt mir ein, Kreuzfahrt und Straßenkreuzer, Sonne, Wetter, Wind und Wellen. Ich denke an Mark Twain, Sindbad den Seefahrer und Hans Albers. Und wenn ich alleine im Auto bin, singe ich: »Nimm mich mit, Kapitän, auf die Reise«, oder mit John Denver »Country roads take me home«, oder mit Paul Gerhardt »Geh' aus mein Herz und suche Freud«. Natürlich: Auch Rasen kann Spaß machen, ich weiß, aber Reisen ist die schönere Alternative.

Auch der Brief des LGA leuchtet mir ein. Am Schreibtisch habe ich ihn als Bestätigung dessen gelesen, was ich mir selbst schon gesagt hatte. Er bestätigt mich nun noch einmal, wenn er mir bei mäßiger Geschwindigkeit in den Sinn kommt. »So ist's recht«, sagt er mir, »du bist ein einsichtiger, pflichtgetreuer Christenmensch.«

1 Rundschreiben vom 22. 4. 1985. Das »Leitende Geistliche Amt« (LGA) ist das Pröpstekollegium der Evangelischen Kirche in Hessen und Nassau.

Nicht immer fahre ich freilich mit so mäßiger Geschwindigkeit. Wenn ich mit 140 km/h daherkomme, sagt mir »reisen statt rasen«: »du Narr«, meine Freude an der Geschwindigkeit betreffend oder den haßgeliebten Terminkalender entlarvend. Wahrscheinlich lasse ich mir das sagen, nehme den Fuß vom Gas und lasse den Narren hinter mir vorbei. Vielleicht funktioniert das auch nicht. Vielleicht verbünden sich der Termindruck und die aus jüngeren Jahren durchaus vertraute Lust am Tempo. Das war sicher nicht die Intention des Slogans, mich ans Rasen als Alternative zu erinnern. Immerhin: Wenn schon schnell gefahren wird, rast vielleicht immer noch sicherer, wer es mit Lust tut und nicht verbissen in einer Mischung aus Aggression gegen sich und andere.

Das Pröpstewort hingegen sagt mit bei 145 km/h: Du uneinsichtiger, verantwortungsloser Sünder! Und das lasse ich mir nicht sagen! Jedenfalls nicht ohne Widerspruch, und der ist wohlfeil. Hat der Appell sich an meinen Verstand und mein Pflichtbewußtsein gewandt, so lassen beide sich nicht gerne diskriminieren. Dem Verstand sind anderslautende Statistiken bekannt und verfügbar. Als aufgeklärter Zeitgenosse lese ich selbstverständlich mehrere Zeitungen. Und Pflichtbewußtsein ist ohnehin schon im Spiel: Ich rase hier ja nicht aus Lust, sondern um pünktlich zu sein, die Kollegen nicht warten zu lassen oder einen Propst, oder um einen wichtigen Punkt der Tagesordnung nicht zu verpassen. Im übrigen weiß man von den Verfassern des Rundschreibens, daß sie in Zweifelsfällen natürlich auch schon mal . . ., es heißt ja auch »nach Möglichkeit«, und da ich meine Termine nicht weniger wichtig nehmen kann als sie die ihren, muß ich vor der nächsten Serpentine an dem Lastzug noch vorbei. Also auf geht's pflichtgemäß: »Wildgänse rauschen durch die Nacht . . .« – ich pflege, wie gesagt, beim Fahren zu singen – »Wir sind wie ihr ein graues Heer und fahr'n in Kaisers Namen. Und fahr'n wir ohne Wiederkehr, rauscht uns im Herbst ein Amen!«[2]

So reagiere ich. Reagieren andere auf solche Appelle anders, oder bin ich vielleicht nicht ganz unnormal? Und sind diese aus der Selbstbeobachtung gewonnenen Eindrücke theoriefähig? Immerhin erinnern sie an ver-

2 Im Lied »Hoch auf dem gelben Wagen« klingen beide Motive an. »Felder, Wiesen und Auen« gehören zum Reisen. »Ich möchte ja so gerne noch schauen, aber . . .«: So halte an, möchte man dem Rasenden sagen. Andererseits gehört auch zum Reisen das Abschiednehmen.

gleichbare oder analoge psychologische und theologische Einsichten, daß z.B. Lust und Pflicht zweierlei sind und in einer komplizierten Beziehung zueinander stehen, daß z.B. ein schlechtes Gewissen nicht selten eher Widerstand hervorruft als Änderung des Verhaltens, daß z.B. das Gesetz tötet und der Geist lebendig macht, daß z.B. die Ratio käuflich ist.

Die Fatalität der Ethisierung solcher Themen zeigte sich mir neulich in einer dem zitierten Brief ganz entsprechenden Weise. In einem Seminar mit jungen Pfarrerinnen und Pfarrern ging es um Möglichkeiten, in theologisch sinnvoller Weise Streitgespräche zu führen. Zunächst wurden Themen gesammelt, von denen zu erwarten war, daß sie in Gesprächen mit Gemeindegliedern auftauchen und daß zu ihnen Meinungen geäußert werden, denen man die eigene Auffassung überzeugend entgegenstellen möchte. Neben anderen Themen – Kinderabendmahl, Ehe ohne Trauschein usw. – wurde auch »Tempo 100« genannt. Die Tragfähigkeit der Argumente sollte später in Rollenspielen erprobt werden. Zunächst aber galt es, das jeweilige Thema so zu formulieren, daß sein theologischer Aspekt möglichst klar zum Ausdruck kommt. Ein Teilnehmer – dessen Lust zu systematischem wie spielerischem Denken mir schon vorher aufgefallen war – formulierte sofort: »Lebensfreude durch Tempo versus Lebensfreude durch Beschaulichkeit«. Damit war die m.E. richtige Ebene präzise getroffen, wenn auch durch »Beschaulichkeit« noch nicht präzise definiert war, was ich unter der Freude des Reisens verstehe. Der Slogan »reisen statt rasen« war übrigens noch nicht im Gespräch. Die übrigen formulierten ethisch: »Freiheit des Einzelnen versus Interesse der Gemeinschaft«. Eben darum geht es nicht! Diese Gegenüberstellung ist ebenso ungenau wie unredlich. Denn mit dem Gegensatz Einzelner – Gemeinschaft wird ebenso gedankenlos umgegangen wie mit dem Gegensatz Freiheit – Interesse. Läge »Tempo 100« wirklich ohne weiteres im Interesse der Gemeinschaft, wäre es längst gesetzlich beschlossen, und die Diskussion wäre erledigt. Die Möglichkeit, daß die Gemeinschaft Interesse an der Freiheit ihrer einzelnen Mitglieder haben könnte, wird unterdrückt. Mindestens verschwiegen wird die geheime – vielleicht unbewußte – Voraussetzung, daß die Mehrheit ihr wahres Interesse noch gar nicht erkannt hat. Letzteres ist natürlich denkbar. Es kommt vor, daß die Einsicht einzelner gegen die Torheit der Masse steht. Und es kommt vor, daß es das plausible Interesse der Allgemeinheit gegen die Marotten einzelner zu verteidigen gilt. Endlich können Interessen einer Minderheit gegen die der Mehrheit zu schützen sein. Keine der drei Varianten trifft exakt die Situation. Jedenfalls: Solange man sich über die Einschätzung der Situation nicht exakt Rechenschaft gibt, verfällt man leicht einer Tendenz, die häufig in ethischen Diskussionen anzutreffen ist: Die Gegenposition wird zwar mit einem positiv klingenden Wert (Freiheit) beschrieben, aber dann gleich als Lust einzelner diskriminiert. Die eigene Position wird veredelt, indem man sie als (ethisch wertvolles) Interesse der Allgemeinheit definiert. Befangen in solcher Unklarheit, weiß man dann auch nicht mehr, ob man an Einsicht oder Moral appelliert. Demzufolge überzeugt man auch nur noch die Bundesgenossen, während sich die Adressaten des Appells zugleich umworben und beschimpft finden. Ressentiment würde viel schneller folgen, hätte man nicht ein weiteres, starkes Argument zur Hand: Glücklicherweise entspricht ja die eigene Einstellung dem Willen Gottes oder der Predigt Jesu.

Der Brief der Pröpste spricht von besonderer Christenpflicht. Das ist insofern legitim, als alles, was im Sinne des Liebesgebotes der Erhaltung des Lebens, der Gesundheit und der Umwelt dient, dem biblisch bezeugten Willen Gottes entspricht. Aber es bringt keinen weiterführenden Gesichtspunkt in die Diskussion. Es ist, wie wenn jemand seinen – vielleicht berechtigten – Appell zunächst mit leiser Stimme vorträgt und ihn dann mit lauterer Stimme wiederholt. Und sofern man spürt, daß bei solcher Vermischung von Sachlichkeit und Moral eine theologisch dubiose Gesetzlichkeit naheliegt, folgt der Rückzieher auf dem Fuß: »Wir wollen mit diesen Empfehlungen keinen moralischen Druck ausüben oder ein neues christliches Gesetz aufrichten[3]. Auch für die Benutzung eines PKW gilt die evangelische Freiheit, die sich allerdings überwiegend darin bewähren muß . . .«[4] Deshalb auch die eingeschränkte Empfehlung, »nach Möglichkeit nicht schneller zu fahren als . . .« Was heißt »nach Möglichkeit«? Ich verstehe zwar, daß ich pünktlich sein will oder soll »nach Möglichkeit«, wie sie z.B. PS und Straßenzustand mir einräumen. Daß es meine Möglichkeit übersteigen könnte, Tempo 100 einzuhalten, überrascht mich. Wes-

3 Warum denn nicht? Wer hat etwas gegen Moral und Gesetze, wo erwiesenermaßen Gefahr droht, wie z.B. bei Alkohol am Steuer?

4 Weiteres Zitat aus dem o.g. Brief.

sen Sklaven sind wir denn? Nun ja, vielleicht jagt uns ja wirklich einer. Aber ob dem mit Moral beizukommen ist? Gar mit einem Rückzieher? Dann wäre zu empfehlen, auch die 10 Gebote zu ändern. Z.B.: Du sollst nach Möglichkeit nicht ehebrechen.[5]

Nun resultieren weder die Berufung auf den Willen Gottes noch die Verwahrung gegen den Eindruck der Gesetzlichkeit einfach aus dem Bedürfnis nach Legitimation. Beide zeigen vielmehr, daß es auch in der Diskussion solcher Themen Bereiche und Dimensionen gibt, die sub specie Dei beschrieben und gedeutet werden müssen, wenn man sie in angemessener Breite und Tiefe erfassen will. Um so wichtiger ist, daß dann auch bei solchen, die Alltagspraxis betreffenden Themen der Erfahrungsschatz des theologischen Denkens wirklich genutzt wird, wenn es z.B. um die Beziehung von Gesetz und Evangelium geht, von Ratio und Glaube, um Gehorsam, Schuld und Vergebung. Dem wird man nicht gerecht, wenn man sich erst auf den Willen Gottes beruft und dann versichert, daß es so ernst nun auch wieder nicht gemeint ist. Was dieses »nach Möglichkeit« einräumen will, heißt z.B. bei Luther »pecca fortiter«, und das ist Zuversicht in einer äußerst ernsten Angelegenheit.

Beim Thema »Sicherheit im Straßenverkehr« geht es nicht primär um das rechte Tun als Konsequenz und Bewährung des Glaubens. Es geht um

5 Vgl. die öffentlich zur Diskussion gestellte Trauformel: »... solange es gut geht«.
Im Ernst: Hätten die Pröpste es bei der Empfehlung belassen, vernünftigerweise langsam zu fahren, daraus aber keine Gewissensfrage gegen sich und andere zu machen, so wäre das gut gewesen. Im Kontext theologisch geladener Begriffe wie »christliches Gesetz« und »christliche Freiheit« erweist sich jedoch dieses »nach Möglichkeit« als Rationalisierung. Gedacht ist sicherlich: Langsam fahren, solange Eiligkeit und Wichtigkeit der Termine es gestatten. Gedacht ist vermutlich nicht: ... solange die Lust am Tempo nicht übermächtig wird. Der Vermutung, daß Termindruck als Lust am Tempo auf höherer Ebene zu betrachten ist, soll noch nachgegangen werden. Jedenfalls ist Termindruck entweder selbstbetrügerische Selbstbestimmung oder Fremdbestimmung. Deshalb muß die Frage lauten, wie der Wille frei werden kann von solcher Tyrannei. Damit ist eine Ebene des Nachdenkens erreicht, auf der Appelle nichts mehr ausrichten, wie man u.a. bei Paulus und Luther lernen kann.
Umgekehrt: Wenn dieser kleine Spielraum, sich an wichtige Empfehlungen nur »nach Möglichkeit« zu halten, den hohen Namen »christliche Freiheit« verdiente, müßte den Spediteuren billig sein, was den Pfarrern als Adressaten des Rundschreibens recht ist: Haltet euch nach Möglichkeit an die für eure LKW geltenden Höchstgeschwindigkeiten, Ladegewichte, Fahrzeiten.

den rechten Glauben selbst. Mitten im Verkehr geht es um die Frage, worauf wir uns verlassen, worauf wir hoffen und wovor wir Angst haben. Was zu tun ist, läßt sich meistens unschwer sagen. Der Sicherheit dienliche Normen und Verhaltensweisen lassen sich leicht aufzählen und bedürfen keiner theologischen Legitimation. Fraglich aber ist, wer wir Menschen sind und was uns frei oder unfrei macht, das Richtige zu tun.

Deshalb will ich hier, wie mit dem Slogan »reisen statt rasen« angedeutet, eine andere Argumentation versuchen. Zunächst werden ja mit beiden Wörtern einfach alternative Verhaltensweisen benannt. Da diese aber mit symbolträchtigen Begriffen beschrieben werden, nehmen Verstand und Phantasie sofort wahr, daß es um mehr geht als um Verhaltensweisen, nämlich um unsere Gefühle und, wesentlicher noch, um unsere Identität: Lebensfreude im Rasen – als Dynamik, Geschäftigkeit, Macht, Zielstrebigkeit, Wagemut – steht gegen Lebensfreude im Reisen, auch in Bewegung also, aber im sich Einlassen auf den Weg und was am Wege liegt. Beide Gestalten der Lebensfreude weisen auf Lebenskonzepte, selbst- oder fremdbestimmt möglicherweise beide. Will oder muß ich mein Leben als Rasen verstehen und führen, von Erfolg zu Erfolg, den Terminkalender preisend und verfluchend, unbeirrt und risikofreudig auf ein – welches? – Ziel gerichtet? Oder will oder muß ich mein Leben als Reise sehen, Ankommen und Abschiednehmen, aufmerksam für die Blumen am Wege und die Dornen und Disteln? Unterschiedliche Lebensweisen, unterschiedliche Verständnisse von Gott, Welt und Mensch, wie sie am ehesten in der Sprache der Symbole und Geschichten beschrieben werden. Daß damit auch unterschiedliche Gestalten der Spiritualität verbunden sind, zeigen die Lieder, die einem dazu einfallen, sie mögen trivial oder tiefsinnig sein. Und umgekehrt, das ist meine Hoffnung, können wohl das Lebenskonzept und die Art des Glaubens mein Verhalten im Verkehr bestimmen:

Da mich die Bilder und Geschichten von der Lebensreise mehr ansprechen als die von Lebenskampf und Jagd, warum sollte ich nicht auch auf der Autobahn lieber Reisender sein? In diesem Sinne versöhnlich und auch mich versöhnend endet denn auch der oben so hart kritisierte Brief: »Nicht nur der Wald und unsere Mitmenschen werden einen Vorteil davon haben. Auch wir selbst können neue Freude an einem Verkehrsmittel entdecken, das uns ein großes Maß an Mobilität ermöglicht.«

Hier stehen also nicht Lust gegen Pflicht, sondern zunächst Lust gegen

Lust, nicht Einsicht gegen Torheit, sondern Lebenskonzept gegen Lebenskonzept, nicht Moral gegen Unmoral, sondern Glaube gegen Glaube. So will ich gegen eilige Ethisierung ausprobieren, wieweit eine andere Form theologischen Nachdenkens einem alltagspraktischen Thema gerecht werden kann: Das Autofahren macht Spaß und ist eine ernste Angelegenheit. Also muß auch eine diesbezügliche Theologie ernst sein und Spaß machen. Wie könnte sie sonst die Seele des Autofahrers erreichen? Natürlich wird es dabei neben leichten auch beschwerliche Strecken geben. Und die erreichten Stationen werden zuweilen wohl nur Rasthäuser sein für eine Nacht. Machen wir uns also auf die Reise.

Von Geschwindigkeiten und ihren Hintergründen

Über die zu empfehlende oder gesetzlich zu regelnde Begrenzung der Höchstgeschwindigkeit wird zur Zeit in ökologischem Interesse diskutiert. Es geht um Reduktion der Schadstoffemission. In den 70er Jahren ging es darum, mit dem knapper und teurer gewordenen Rohöl sparsamer umzugehen im Interesse der Volkswirtschaft wie des privaten Geldbeutels. Von Erhöhung der Sicherheit war und ist dabei beiläufig auch die Rede. Früher stand dieses Ziel eindeutig im Vordergrund. Um der größeren Sicherheit willen ist in der Bundesrepublik die Höchstgeschwindigkeit in geschlossenen Ortschaften, auf 50 km/h festgelegt worden. In den USA sind die Höchstgeschwindigkeiten vor wenigen Jahren aus ökologischen und ökonomischen Interessen noch einmal reduziert worden auf 45 mp/h für Landstraßen und 55 mp/h für Autobahnen (72/88 km/h), als aber in den 60er Jahren die Geschwindigkeit dort auf 55 mp/h für Landstraßen und 65 mp/h für Autobahnen (88/104 km/h) begrenzt wurden, war weder von Waldsterben die Rede, noch war eine Ölkrise in Sicht, und die dortigen Benzinpreise konnten auch keinen zur Drosselung des Tempos bewegen. Dies geschah eindeutig im Interesse der Sicherheit, wie z.B. auch von Anfang an in der Deutschen Demokratischen Republik.

Nur um die Sicherheit soll es auch hier gehen. Dabei denke ich nicht hauptsächlich an die Höchstgeschwindigkeit, sondern die Reisegeschwindigkeit allgemein.

Bei den folgenden Überlegungen gehe ich von zwei Voraussetzungen aus:

1. Die Erhöhung der Sicherheit ist ein wünschens- und erstrebenswertes Ziel, das zwar auch theologisch legitim ist, aber einer theologischen Legitimierung nicht bedarf.

2. Reisen geschieht in der Regel gemächlicher als Rasen und ist der Sicherheit dienlich. Mit der zweiten Voraussetzung verhält es sich freilich nicht so eindeutig wie mit der ersten.

Beim Rasen liegt die Freude im Erleben von Geschwindigkeit und Kraft und im Sparen von Zeit, das Ziel ist stärker im Blick als der Weg. Der Reisende findet seine Freude im Erleben des Weges und ist nicht ausschließlich fixiert auf ein Ziel. Ist solches Reisen wirklich sicherer? Offenbar sind hier ja mindestens zwei Faktoren im Spiel: Das Tempo und die Lust am (reisenden oder rasenden) Fahren. Welcher Faktor trägt in welchem Maße zur Sicherheit oder Unsicherheit bei?

Zwar wird man sagen können, daß langsameres Fahren – die in jedem Falle nötige Kompetenz vorausgesetzt – im Durchschnitt wohl sicherer ist. Diesen Faktor zu verabsolutieren, würde freilich Konsequenzen nahelegen, die nicht nur unerwünscht, sondern auch gefährlich sind: Bummler sind eben auch ein Sicherheitsrisiko, wenn sie zur Schlangenbildung beitragen und Überholmanöver provozieren, zumal, wenn sie nicht »reisen«, sondern sich demonstrativ oder unsicher viel langsamer bewegen als die meisten anderen. Und die Freude am Reisen im hier gemeinten Sinne schließt zwar das Rasen aus, schließt aber den Blick in die Landschaft ein, das Träumen und Phantasieren und das Gespräch mit den Beifahrern, die allesamt die Aufmerksamkeit vom Verkehr ablenken können. Umgekehrt: Die Freude am Rasen ist nicht nur die Alternative zur Freude am Reisen, sondern eben auch zu ängstlicher oder aggressiver Verkrampfung des Rasenden wie des Bummelnden. So mag es also dahingestellt bleiben, ob der selbstsicher und lustvoll Rasende oder der ängstliche bzw. aggressive Bummler der bedrohlichere Verkehrspartner ist. Sicher scheint mir, daß der lustvoll Reisende verläßlicher ist, als der aggressiv verkrampfte Raser[6,7].

6 Ich spreche hier maskulin von Reisenden und Rasenden. Gilt das hier und in den folgenden Kapiteln Gesagte ebenso für Frauen? Die Frage, ob Frauen und Männer die Beziehung zu Auto und Motorrad gleich oder unterschiedlich erleben, wird in dieser Abhandlung nicht grundsätzlich erörtert.
Ich betrachte das Fahren und die Beziehung zu Fahrzeugen nicht als Domäne der Männer. Ich kenne nicht nur zahlreiche Frauen, denen ich mich als Beifahrer bedenkenlos anvertraue, auch zu den vielfältigen Einstellungen und Verhaltensweisen wüßte ich aus meinem Bekanntenkreis neben Männern als Beispiel Frauen zu nennen: Die Verwegene und die Vorsichtige, die Sichere und die Ängstliche, der Technik gegenüber interessiert und sensibel oder gleichgültig oder unsicher, Polizisten achtend oder fürchtend oder beschummelnd usw.
Aber ich will die Frauen nicht vereinnahmen. Wenn ich also beim Maskulin bleibe, will

Genug der Vorbemerkungen, die zweierlei klarstellen sollen:

1. Sicherheit ist kein Selbstzweck. Der Zweck des Fahrens ist das Erleben des Weges oder das Erreichen eines Zieles oder beides. Auf diesem Wege ist Sicherheit ein Wert, neben Komfort, Wirtschaftlichkeit und anderen, die zueinander in Beziehung gesetzt werden müssen (s.u. Kap. VI).

2. Auch wo, wie in diesem Kapitel, das Fahrverhalten unter den Stichworten »reisen« und »rasen« bedacht wird, geht es nicht nur um das Tempo, sondern um damit verbundene Emotionen und Einstellungen und ihre jeweiligen Ambivalenzen. Deshalb kann man als Theologe versuchen, diese Einstellungen, die mit ihnen verbundenen Ambivalenzen und die darin erkennbaren Lebenskonzepte zu beschreiben und zu deuten. Dies mag zur emotionalen Entspannung beitragen und auch der Sicherheit dienen. Man kann aber nicht zielstrebig und zweckrational auf das Ziel Sicherheit hin argumentieren, ohne einer pseudotheologischen Gesetzlichkeit zu verfallen.

Um einer theologischen Deutung näher zu kommen, sei die Geschichte meiner »Bekehrung« erzählt. Dabei stehen die Leitfragen im Hintergrund

ich nicht zuerst die Holperigkeit inklusiver Sprache vermeiden, sondern die möglicherweise drohende Verzerrung der Wahrnehmung. Denn ich beziehe mich häufig auf eigene Erfahrungen und auf Gespräche mit männlichen Freunden. Falls Leserinnen sich mit manchen Beobachtungen nicht einig finden, können sie so wohl besser bedenken, ob dies auf andere individuelle Erfahrungen zurückgeht, oder darin begründet ist, daß sie eben als Frauen den Verkehr erleben.
Nur wo ich bei einigen bestimmten Phänomenen geschlechtsspezifische Unterschiede beobachte oder vermute, weise ich darauf ausdrücklich hin.

7 Mir geht es hier nicht primär um die, eventuell zu begrenzende, Höchstgeschwindigkeit. Dennoch gebe ich nebenbei zu bedenken, was es für den Verkehr auf unseren Straßen bedeutet, daß wir als einziges europäisches Land keine Geschwindigkeitsbegrenzungen auf den Autobahnen haben.
Gelegentlich habe ich den Eindruck, daß europäische – nicht amerikanische – Ausländer es bei uns besonders eilig haben. Trifft dieser Eindruck zu, oder verrät er eine Ausländerfeindlichkeit, von der ich mich sonst frei weiß?
Umgekehrt ist zu fragen, wie wir uns im Ausland verhalten. Von mir weiß ich, daß ich mich in den ersten Stunden oder Tagen besonders vorsichtig und loyal gegenüber den Gesetzen und Gepflogenheiten des Gastlandes verhalte, dann zunehmend sorgloser werde und gelegentlich heimischen Fahrgewohnheiten folge.
Diese Eindrücke gebe ich als Anregung zur Selbstbeobachtung weiter. Nur sehr detaillierte und gründliche Untersuchungen könnten hier verläßlichen Aufschluß geben.

nach der Evidenz und danach, welche Erlebnisschichten wodurch berührt werden?

»Reisen statt rasen« stand in den 50er Jahren schon einmal an den Autobahnen, als ich noch jugendlicher Beifahrer und dann ganz junger Fahrer war. Der Appell hat mich schon damals angesprochen, sonst wüßte ich nicht mehr davon. Ich erinnere mich, wie er meine Phantasie zu Gedanken ans Reisen angeregt hat. Mein Verhalten hat er aber kaum beeinflußt. Zunächst fand ich Lust am Rasen, soweit dies die mir verfügbaren Mittelklassewagen zuließen. Auch 15 Jahre später bewältigte ich eine Strecke von gut 100 Kilometern, die ich beruflich etwa zweimal wöchentlich zurücklegen mußte, regelmäßig mit Vollgas.

Um diese Zeit – 1972, also unmittelbar vor der sog. Ölkrise – verbrachte ich einige Monate in den USA und erlebte das genaue Gegenteil dessen, was ich hier gewohnt war: Riesige Entfernungen, fast leere Straßen, ein geräumiger und komfortabler Wagen, schier unerschöpfliche PS-Reserven, und alle fuhren langsam, wie das Gesetz es befahl. Ich tat es auch, und es machte Spaß: ein völlig neues Fahrgefühl! Kein unentwegtes Wechseln der Fahrspur, kein ständiges Achten auf Überholer und zu Überholende, keine Erschöpfung am Ende der Fahrt. Statt dessen geräuschloses und sanftes Gleiten meilenweit, Landschaften und Städte, Verwunderung über und stille Übereinstimmung mit der Gelassenheit der meisten übrigen Verkehrsteilnehmer. Und die Zeit? Nun, mir fiel der alte Slogan ein, der mein Erlebnis deutend beschrieb: »Reisen statt rasen«, und wer so mit der Zeit fährt und nicht gegen sie, verliert sie nicht.

Lag es auch daran, daß ich in den USA meistens nur an arbeitsfreien Wochenenden und in ein paar Urlaubswochen Auto fuhr, zu Hause aber beruflich unterwegs war, verbunden mit Terminen oder dem Wunsch nach schneller Heimkehr? Kaum! Denn einerseits ist in einem fernen und weiträumigen Land die kurze Urlaubszeit besonders kostbar. Andererseits konnte ich auf meinen deutschen Strecken durch Vollgas selten mehr als 5 Minuten gewinnen, um die ich auch kaum besorgt war, wenn es vor dem Aufbruch galt, noch einen Brief zu unterschreiben oder von Kollegen einen freundschaftlichen Abschied zu nehmen. Der Rennfahrer erwachte erst mit dem Drehen des Zündschlüssels und ließ sich gerne durch den Terminkalender rechtfertigen. Er erwachte übrigens auch nach meiner Rückkehr aus den USA bald wieder. Der inzwischen ungewohnte Trubel auf der Autobahn bei der Heimfahrt vom Flughafen bestärkte zwar noch einmal den Entschluß, solcher Torheit zu widerstehen. Aber nach drei Wochen war ich wieder angepaßt, keineswegs widerwillig. Wenige Monate später kam es zur »Ölkrise«. Die mit ihr verbundene Verteuerung des Benzins und die Appelle zur Sparsamkeit empfand ich nicht als Unterstützung des schon gebrochenen Vorsatzes, sondern als Störung, der man vernünftig begegnen muß: Ich akzeptierte die Geschwindigkeitsbegrenzung auf den Landstraßen, schöpfte die Freiheit auf den Autobahnen aber bald wieder aus, nun allerdings nicht immer und nicht mehr ganz einig mit mir.

Zwei weitere Aufenthalte in den USA, verbunden mit langen und weiten Autofahrten, bestätigten dann die ersten Erfahrungen. Diese Bestätigung war um so wirksamer, als sie mit dem Eindruck verbunden war, daß man dort auf die inzwischen bewußt gewordene Gefährdung der Umwelt energischer und wirkungsvoller reagierte als bei uns, und zwar nicht um den Preis reduzierten Komforts, sondern durch weiter reduzierte Geschwindigkeit und durch Technik: Auch mit 45 mp/h machte das Reisen noch Spaß. Katalysatoren waren gesetzlich vorgeschrieben. Man favorisierte zwar nicht mehr die Straßenkreuzer früherer Jahre, aber die sog. »Kompaktwagen« entsprachen immer noch unserer oberen Mittelklasse. Statt der unbedingt windschnittigen, damit fast einheitlichen und also langweiligen Form überraschten phantasievolle Formen. Bei dem gemächlichen Tempo resultierte daraus kaum ein erhöhter Verbrauch. Fazit: Im mittelgroßen Wagen ruhig zu fahren ist schöner, als im Kleinwagen zu rennen. Sicherer ist es sowieso.

Wieder zurückgekehrt und – hoffentlich endgültig – »bekehrt«, fand ich nun auch hier ähnlich Gesinnte in großer Zahl. Eine politische Entscheidung in der sich quälend hinziehenden Debatte um Katalysator und »Tempo 100« mochte ich nicht abwarten und kaufte mir einen – in dieser Güteklasse für mich nur als Gebrauchtwagen erschwinglichen – großen Diesel, der meinem Verständnis vom »Reisen« entspricht und es mit jedem Kilometer bestätigt. Kein Überholer ist mir seither zur Anfechtung geworden, ich spüre auch keinen missionarischen Eifer, ihn zu bekehren. Inzwischen gelingt mir am Steuer mühelos und hoffnungsträchtig, was mir in meiner sonstigen Lebenspraxis noch immer kaum gelingen will: Reisen statt rasen.

Bevor ich auf die theologisch zu deutenden Implikationen dieser Erfahrung eingehe, will ich auf ihre Strukturen hinweisen, die mir Analogien zu theologisch interessanten Bekehrungserlebnissen aufzuweisen scheinen, und um derentwillen ich sie erzählt habe:

Am Anfang war das »Wort«, hier ein Slogan aus symbolträchtigen Begriffen, einladend, nicht drängend, halb bewußt – halb unbewußt die Phantasie beschäftigend. Aber gegen die durchaus auch attraktiven Plausibilitäten der »Welt« konnte dieses Wort so wenig Wirksamkeit entfalten wie ein Saatkorn im Winter.

Dann kam das Erlebnis, das an das »Wort« erinnerte und sein Recht bestätigte, und das seinerseits durch die symbolträchtigen Begriffe des »Wortes« gedeutet wurde. Dieses Erlebnis trug sich in einem fernen fremden Land zu, verbunden mit mancherlei anderen neuen Erfahrungen, entsprechend den dort geltenden und akzeptierten Gesetzen. Als »Unterpfand«[8] nährt solche Erfahrung die Hoffnung auf umfassendere Freiheit. So wird sie in der Erinnerung auch idealisiert.

Die Attraktivität der erlebten Alternativen hielt zunächst nicht an. Widerstandsfähig wurde sie erst, als sich das Erlebnis erneuerte und unterstützt wurde durch – in dieser Reihenfolge – Einsicht in rationale Zweckmäßigkeit (Ölkrise, Sparsamkeit), durch Moral (Erhaltung der Natur für kommende Generationen) und schließlich durch Bundesgenossen. Dabei mag die zuletzt beschriebene Reihenfolge umkehrbar sein. Welches Gewicht und welche Beziehung zueinander Ratio, Moral und Bundesgenossenschaft haben, mag an der Mentalität des einzelnen liegen. Mir geht es um die Beziehung von Deutewort und Erlebnis, ohne die Ratio und Moral stroherne Kunstprodukte bleiben, die aber umgekehrt dem gedeuteten Erlebnis zur Solidität helfen können.

Soviel zur Geschichte einer Bekehrung, die nicht als einmaliges Ereignis das Leben – hier den sehr begrenzten Ausschnitt des Autofahrens – plötzlich grundlegend verändert und dazu führt, in missionarischem Eifer oder in prophetischer Gewißheit auch gegen die herrschenden Plausibilitäten aufzutreten, die vielmehr gemächlich – »reisend«, nicht »rasend«! – zur Überzeugung reift, wie dies eben üblicherweise bei durchschnittlichen Leuten geschieht.

Nur eine Analogie, in ihren Strukturen spirituellen Erfahrungen von

8 Vgl.: »Unterpfand« (2. Kor. 1,22, Eph. 1,14).

Bekehrung oder Überzeugtwerden vergleichbar? Oder eine Erfahrung, die auch inhaltlich eine theologische Interpretation nahelegt?

Wie schon in der Einleitung angedeutet: Reisen und Rasen sind zwei Verhaltensweisen. Sie werden mit Begriffen beschrieben, die die Phantasie anregen, erinnernd oder voraussinnend Assoziationsketten provozieren, und sich dadurch als symbolträchtig erweisen. Assoziationen und Phantasien wie z.B.: Wilde Jagd – Sturm und Donner – Fliegender Holländer – Flucht – Terminkalender – Sindbad der Seefahrer – Häfen und Menschen – ferne Länder – Wüsten und Wiesen – Blumen am Wege – Bahnübergänge – Fahrpläne – Lokomotiven – Schaffner – Polizisten – Tempolimit – Nürburgring – Porsche – Jaguar – Kabriolett – Mose – Karl May – westwärts – südwärts – Goethe – Italien – Adria – Kreuzfahrt – sich sonnen – ausruhen – aufbrechen – Abschied nehmen – ankommen – ausruhen – gehetzt werden – Nacht – Räuber – Höhlen – Burgen . . . Phantasien und Assoziationen also, die Gefühle erinnernd aktualisieren oder hervorrufen und die die Frage nach der Identität stellen:

Lust am Reisen – verbunden mit Stolz und Angst, Zielstrebigkeit und Freiheit, mit Gewinnen oder Verlieren, mit Energie und Erschöpfung, Ekstase und Zielstrebigkeit, Wahnsinn und Zweckrationalität. Lust am Reisen – verbunden mit Erregung und Beschaulichkeit, Neugier und Überdruß, Heim- und Fernweh, mit Reifen und Sterben, Ankommen und Sichverirren.

Lust am Rasen: Ich weiß nicht, ob den Lesern beim Stichwort »rasen« zuerst »Tempo« einfällt oder »Wahnsinn«. Kommt einem zuerst das Tempo in den Sinn, ist man auf ein Sprachspiel hereingefallen, das die jüngere Geschichte mit uns gespielt hat. Denn »rasen« bedeutet ursprünglich »von Sinnen sein«, sei es im Wahn oder in Wut. Nur selten und in uralter Zeit war mit diesem Wort auch die Vorstellung von ungestümer Bewegung verbunden, wenn von rasendem Lauf, Sturm oder Angriff die Rede war. Aber weit häufiger, eindeutig im Mittelalter und in neuerer Zeit bedeutet es Wahnsinn oder Tollheit, aus dem Lateinischen insania oder furor wiedergebend, aber nicht velocitas[9]. Fällt uns zuerst das Tempo ein, weil uns Heutigen die Technik die Möglichkeit gibt, »vernünftig«, also planmäßig

9 Belegstellen in reichem Maß, auch zu Meditation und homiletischem Gebrauch anregend, bei: Jakob und Wilhelm Grimm, Deutsches Wörterbuch, Bd. 14, München 1984.

und zielstrebig zu »rasen«? Handelt es sich um Domestizierung des ursprünglich Chaotischen durch Technik? Oder umgekehrt um verschleiernde Rationalisierung des Unsinnigen durch Sprache? Oder sind eilige Zweckrationalität und Wahnsinn, anthropologisch und theologisch betrachtet, Kehrseiten einer Medaille?

Lust am Reisen: Sprachgeschichtlich einfacher, bedeutet »reisen« immer »aufbrechen« und »unterwegs sein«, im direkten oder übertragenen Sinne. Mal ist eher der Abschied als Verlust gemeint, mal eher der Aufbruch in Hoffnung, mal eher die Mühsal beschrieben, mal eher die Bereicherung. Nur vorübergehend und selten hieß zu Luthers Zeiten »reisen« auch »einen Kriegszug unternehmen«, das ist lange vergessen.

Lust am Rasen und Lust am Reisen als alternative Erfahrungen und beide nicht eindeutig: Wer bin ich, und wer will ich sein? Das Leben als Jagd nach Zielen, vielleicht dem einen Ziel? Vielleicht das Ganze ein Wahn? Das Leben als Reise, mit Blumen am Wege und Dornen und Disteln, durch grüne Auen und finstere Täler? Als Irrfahrt oder Heimkehr? Wie Abraham, oder wie Karl May, oder wie Sindbad? Solche Assoziationen benennen Gefühle und beschreiben Identität trivial oder tiefsinnig, archaisch oder modern, in sachlicher oder symbolischer Sprache. Sie erweisen sich als treffend oder abwegig auf den ersten oder zweiten Blick. Irgendwie stellen sie eine Korrespondenz her zwischen dem Fahrverhalten hier und jetzt und dem Nachsinnen über das Leben. Sie setzen beide in den Zusammenhang von Gott, Welt und Mensch. Das Thema ist offenbar uralt, bedacht in unzähligen Märchen, Gedichten und Bildern, in Mythen, Legenden, Biographien, biblischen und außerbiblischen.

Ist der Rasende der Heide (in mir) und der Reisende der Christ (in mir)? Zunächst scheint es so. Doch Vorsicht ist geboten. Die biblisch und kirchlich motivierte Abneigung gegen Aggressivität, Rücksichtslosigkeit und Gewinnstreben könnte sich hier mit dem modernen Eindruck von der ökologischen und ökonomischen Unzuträglichkeit leicht zu einem sowohl die Realität auf der Straße als auch die theologische Wahrheit verzeichnenden Vorurteil verbünden.

Sicherlich gehört zum Rasen – hier im Sinne der Geschwindigkeit verstanden – das mythische Bild vom Schimmelreiter Wotan, der auf seinem achtbeinigen Roß das »wütende Heer« anführt, oder als »wilder Jäger« mit seinen Scharen den Himmel und die Phantasie der Leute bevölkert. Unter vielem anderen über die Wikingerschiffe mit ihren Drachenköpfen, wie Rennboote anmutend, zu schnellen Überfällen unterwegs[10], führt der Weg von Wotans zu »Lützows wilde(r) verwegener Jagd«[11], oder zu »des Friedländers wilder Jagd«[12]. Am Ende stehen die Phantasien, die Motorradfahrer zu Hells Angels werden lassen, gelegentlich in der Realität, häufiger im Urteil der Bürger. Und wenn ich auch Wotans Namen gewiß nicht heilige, so singe ich seiner wilden Jagd doch schon mal ein Lied, wenn ich, wie gesagt, fahrend träume, wie »Wildgänse rauschen durch die Nacht mit wildem Schrei nach Norden«.

Der alttestamentliche Jahwe Zebaoth, Herr der Heerscharen, trägt zwar auch kriegerische Züge, wie bekannt. Aber er hat es selten eilig. Nur ausnahmsweise ist davon die Rede, daß »seine Wagen wie ein Wetter« kommen (Jes. 66,15), oder wie ein »Sturmwind« (Jer. 4,13). Die Fülle der Belegstellen zeigt aber, wie Gott nicht nur als Schöpfer oder König, sondern auch als Zebaoth vorgestellt ist als ruhige, Gnade und Gericht verläßlich walten lassende Majestät. Der neutestamentlich angesagte Messias wird zwar erwartet »wie der Blitz ausgeht vom Aufgang und leuchtet bis zum Niedergang« (Matth. 24,27), doch ist auch dieses Motiv selten. Und den Geist, der weht, wo er will, stelle ich mir nicht eilig vor. Wo immer in der Bibel von Weg und Wanderschaft die Rede ist, hat es nur ausnahmsweise Eile, wenn akute Gefahr droht, wie beim Auszug aus Ägypten. Abraham und das durch die Wüste wandernde Gottesvolk hatten Zeit. Die Heilsgeschichte wie die Pilgerreise nach Jerusalem sind keine rasende Jagd.

Sie haben freilich ein Ziel, das es ohne Eile, aber auch möglichst ohne Umwege zu verfolgen gilt. Das unterscheidet Wüstenwanderung und Pilgerfahrt vom moderneren Bild der Lebensreise als Reifungsprozeß, das dem Weg die hauptsächliche Aufmerksamkeit widmet. Auch der Pilger kann sein Ziel aus dem Auge verlieren, oder aus Angst davor die Blumen am Wege nur als Versuchung ansehen. Aber wenn es gut geht, stehen Weg

10 In dieser die historische Wahrheit sicher verzerrenden Weise bevölkern sie unsere Phantasie, auf die es hier ankommt. Interessant ist, daß sie uns als so wilde Gesellen eher sympathisch sind. Ihr Name ist zeitgenössisch als verhaßt bezeugt. Er ist aber nicht späteren Generationen zum Schimpfwort geworden wie der der Hunnen und Vandalen.

11 Karl Theodor Körner, Lützows wilde Jagd.

12 Friedrich Schiller, Wallensteins Lager, 6. Auftritt.

und Ziel in guter Relation. Israel fand unterwegs nach Kanaan das Manna und die Gebote. Paulus beschreibt den Heilsweg der Gemeinde: »So halten wir denn dafür, daß denen, die glauben, alle Dinge zum Besten dienen« (Röm. 8,28), nämlich zur Reifung und Vergewisserung. »Wir wissen, daß Trübsal Geduld bringt; Geduld aber bringt Bewährung; Bewährung aber bringt Hoffnung; Hoffnung aber läßt nicht zuschanden werden, denn die Liebe Gottes ist ausgegossen in unser Herz durch den heiligen Geist, der uns gegeben ist« (Röm. 5,3ff).

So wird das Bild differenzierter. Es geht nicht mehr nur um die Alternative Rasen oder Reisen. Die Pilgerreise ist eine Alternative sowohl zur »wilden Jagd« als auch zur Fahrt ins Blaue.

»Fahrt ins Blaue« gefällt mir sprachlich nicht recht. Ist sie ein Symbol? Es klingt in meinen Ohren platt im Vergleich zu »Pilgerfahrt« und »wilder Jagd«. Aber das mag an meiner Befangenheit liegen, resultierend aus meinem altchristlichen Mißtrauen gegen Müßiggang und Ziellosigkeit. Denn auch dieses Bild gibt Ambivalenzen Raum, läßt an Urlaub denken wie an Orientierungslosigkeit. Und leicht verständlich ist es allemal. Die »Fahrt ins Blaue« ist jedenfalls kein ganz neues, aber auch kein uralt überliefertes Symbol. Die Alten konnten wohl nur von Irrfahrt reden, wenn das Ziel aus den Augen geraten war: Odysseus, der nicht nach Hause finden konnte, Äneas, der neue Ufer suchte. Später, bis ins 18. Jahrhundert hinein, konnte man zwar »mit einem blauen Auge« davonkommen oder »ins Blaue hinein schwatzen«. Zur »blauen Blume« oder zu »blauen Bergen« brachen aber erst die Romantiker auf, denen die allzu vertraute Heimat trivial oder zu kompliziert geworden war, und die ein Ziel beschrieben, das nicht klar erfaßt, als eschatologisches auch kaum klar erfaßbar, aber um so sehnsüchtiger zu suchen war[13]. Heute leistet sich eine »Fahrt ins Blaue« als Sonntags- oder Ferienvergnügen eben auch nur, wem die Heimat sicher ist. Und zur Bildungsreise, deren »Ziel« der Weg und seine Stationen, aber nicht sein Ende ist, bricht, wenn das studentische Alter überschritten ist, auch nur auf, wer sich um Haus und Arbeitsplatz keine Sorgen machen muß. Ist die »Fahrt ins Blaue« ziellos? Oder sind die vergnüglichen bzw. reifungsprozessualen Erlebnisse unterwegs ein Ziel? Ich werde darauf zurückkommen.

13 Weitere reizvolle Belege im Grimmschen Wörterbuch, a.a.O. Bd. 2

Jedenfalls erscheint es interessant und lohnend, den Korrespondenzen nachzugehen zwischen den mythischen Bildern, dem Verständnis des Lebensweges, dem Verständnis der Fahrten in diesem Leben und schließlich dem Verhalten unterwegs. Zur wilden Jagd der Götter gehört die Jagd auf Schlachtrössern und in Rennwagen. Zur Heilsgeschichte gehören die Wanderung nach Kanaan und die Pilgerfahrt ins irdische oder himmlische Jerusalem. Und wie ist es mit den Fahrten des Herkules und der Argonauten? Gibt es Entsprechungen zwischen den Bildern von den olympischen Göttern und den Reisen der Griechen? Sollten die womöglich unserem Gedanken von der Lebensreise als Reifungsprozeß oder der Reise, deren Ziel der Weg ist, eher entsprechen? Und wie ist es, wo zyklisches Denken herrscht an ewige Wiederkehr des Gleichen und der Glaube an kaum zu unterbrechende Seelenwanderung: Wie verstehen Hindus das Reisen, und wie reisen sie? Die Geschichte von dem Manne, der im Schatten eines Baumes Rast machte, damit seine Seele die Wegstrecke nachholen konnte, ist uns aus dem Osten überliefert; ihm war sein Esel zu schnell, nicht sein Porsche.

Die »Pilgerreise« als symbolische Alternative sowohl zur »wilden Jagd« mit ihrer wahnwitzigen Zielfixiertheit als auch zur »Fahrt ins Blaue« mit dem Weg als Selbstzweck? Vorsicht! Die Zielfixiertheit der »Jagd« mag, wie schon bemerkt, eine Rationalisierung der Lust am Jagen sein.[14] Und der Weg der »Fahrt ins Blaue«, sei es als harmloses Vergnügen, sei es als Bildungs- und Reifungserlebnis, ist vielleicht ein Ziel. Möglicherweise handelt es sich bei letzterer um eine zunächst säkularisierte, dann verlorene Eschatologie. Die »blaue Blume« ist als Symbol unbestimmter als das »himmlische Jerusalem«, aber sie ist ein Ziel. Wissen wir noch, ein Ziel zu nennen und symbolisch zu beschreiben? Aufklärung und rationale Weltsicht haben uns das himmlische Jerusalem fremd werden lassen. Es erscheint nicht mehr als Bild der Hoffnung über die Ambivalenzen und Probleme dieser Welt hinaus, sondern selbst als hermeneutisches Problem.

14 Zeilstrebigkeit der Jagd als Rationalisierung: Nicht selten geht es wohl auch, ganz oder teilweise, offen oder klammheimlich, bewußt oder unbewußt um eine Mutprobe, Erweis von Geschicklichkeit, Heldenhaftigkeit. Dazu s.u. S. 40ff.
Dem entspräche beim »Reisen« die Freude an der Kompetenz als Beherrschung des Fahrzeugs, Gefühl für die Straße usw.

Und selbst wenn wir in redlichen theologischen und philosophischen Reflexionen uns über die Begrenztheit des positivistischen Weltbildes und damit über die Denkbarkeit von Transzendenz verständigen: Denkbarkeit ist ein Wert eben bei der selbstkritischen Reflexion des Glaubens, aber sie stiftet keinen Glauben, weist kein mit Freude zu erwartendes oder mit Eifer anzustrebendes Ziel. Und da der säkulare Fortschrittsglaube auch nicht mehr überzeugt, bleibt kaum anderes übrig, als nun den Weg mit seinen Erfahrungen der Reifung als Zweck zu interpretieren. Wo aber führt er hin? Eine »Fahrt ins Blaue«? An dieser Stelle irritiert mich auch die mich sonst sehr überzeugende Sicht des menschlichen Lebens bei Erik H. Erikson. Er beschreibt das Leben als Weg, darin dem alten Gedanken an Heilsgeschichte und Pilgerfahrt entsprechend. Durch die bekannten acht kritischen Phasen führt dieser Weg, wenn es gut geht, vom Urvertrauen zur Integrität. Dieser Weg ist nicht umkehrbar. Er führt vielleicht über Umwege oder in Sackgassen, aber er wiederholt sich nicht. Dennoch spricht Erikson von »Identität und Lebenszyklus«[15]. Ein Weg mit Ursprung und unverwechselbaren zielstrebigen Schritten ist aber kein Zyklus. Und ein Zyklus ist kein am Ziel orientierter Weg. Wie aber heißt unser Ziel?

Sollte es mit dem Verlust, mindestens der Fraglichkeit unseres Lebenszieles zusammenhängen, daß wir es mit dem Reisen – nun direkt als Verhalten im Straßenverkehr gemeint – so schwer haben? Wo das Bild von der Pilgerfahrt nicht mehr recht anspricht, bleiben eben nur die »wilde Jagd« oder die »Fahrt ins Blaue«. Die »wilde Jagd«, auf der wir Lust am Tempo erleben und den Weg, seine Zeit und die meisten Weggenossen nur als zu überwindende Hindernisse sehen. Die »Fahrt ins Blaue« als idyllische und seltene Ausnahme. Dementsprechend ist mir auch beim Autofahren noch nie eingefallen zu singen: »Ein Tag, der sagt's dem andern, mein Leben sei ein Wandern zur großen Ewigkeit«. Vielleicht sollte ich so singen, um das Symbol von der Pilgerfahrt zurückzugewinnen und damit wirklich zu reisen, nämlich auf großen und kleinen Fahrten wie der Pilger Ziel und Weg zu sehen.

Jedenfalls hat sich die Alternative »reisen oder rasen« im Laufe der Überlegungen als zu simpel erwiesen. Solange nämlich keine klare Beziehung von Ziel und Weg die Phantasie, das Gefühl und vielleicht sogar den

15 Erik H. Erikson, Identität und Lebenszyklus, Frankfurt 1971.

Verstand bestimmt, ist auch nicht klar, was Reisen ist. Versteht man die »Pilgerfahrt« als Alternative zur »wilden Jagd« wie zur »Fahrt ins Blaue«, so kann man auch sagen: Reisen ohne Sinn für den Weg verkommt zum Rasen, und Reisen ohne Orientierung auf ein Ziel verkommt zur »Fahrt ins Blaue«, gegen die als harmloses Sonntagsvergnügen nichts zu sagen ist, die aber weder als Symbol unser Leben überzeugend zu deuten vermag, noch als allzu ausnahmsweises Verhalten das Verkehrsgeschehen entscheidend prägen kann. Auch mit (nicht auf) der Urlaubsfahrt steuert man ja meistens Ziele an, nicht selten ein Ziel, z.B. das weit entfernte Ferienhaus.

Dabei wird Rasen – im direkten wie übertragenen Sinne – nicht nur erlebt als Lust an Geschwindigkeit, Dynamik, Kraft, Erfolg, mit Angst, Erschöpfung, Demütigung als Schattenseiten. Es wird auch erlebt als Zeitgewinn, der eigentlich ein Zeitverlust ist: Rasend kann man allenfalls die unerwünschte, also verlorene Zeitspanne reduzieren. Dementsprechend wird der alltägliche Termindruck zum Beispiel nicht nur als Hetzerei erlebt, mit dem heimlichen Gefühl von Wichtigkeit als (Sonnen- oder) Schattenseite. Er verführt auch zum Leben und Fahren nur noch auf morgen hin: Am Montag sehne ich, die Zeit und den Weg überspringend, das Wochenende herbei; in den Arbeitsmonaten zählt man die Wochen bis zum Urlaubsbeginn, und wenn der so paradiesisch nun auch wieder nicht ausfällt, wartet man schon wieder auf die Arbeit. Störungen dieses Lebenslaufes, wie z.B. Krankheiten oder familiäre Konflikte, werden als Hindernisse oder Unfälle erlebt, die, wenn man ihnen schon nicht ausweichen konnte, nicht zu viel Kraft absorbieren sollen und nicht zu Erfahrungen werden. Vor derlei befindet man sich psychisch, oft genug auch physisch, auf der Fahrerflucht. Damit ist man freilich dem Gefühl der Ziellosigkeit paradoxerweise schon sehr nahe, einem Lebensgefühl und einer Lebensdeutung, die negativ der »Fahrt ins Blaue« entsprechen: Beliebigkeit, Austauschbarkeit, Überdruß.

Zur Probe aufs Exempel gebe ich einen Eindruck zu bedenken: Oft sind besonders ungeduldige und aggressive Fahrten gar nicht solche, auf denen ich ein einleuchtend wichtiges Ziel leider so eilig anstreben muß, daß wenig Sinn bleibt für »Felder, Wiesen und Auen, leuchtendes Ährengold. Ich möchte ja so gerne noch schauen, aber der Wagen, der rollt«. Gehetzt und hetzend die »wilde Jagd« riskierend, finde ich mich häufiger auf eiligen

Fahrten zu Zielen, von deren Eitelkeit ich zutiefst überzeugt bin, auch wenn ich sie mir selbst in den Kalender geschrieben habe. Paradox erweist sich die Beliebigkeit, wenn ich eine wichtige Reise um einer relativ wichtigeren – oft auch eiligeren – Fahrt willen unterlasse, von der mich wiederum ein noch wichtigerer Termin entbinden würde. Diesen hypothetischen Eindruck wird man kaum statistisch und wissenschaftlich überprüfen können, wohl aber im kritischen Selbstgespräch und im Austausch unter Freunden als mutua consolatio fratrum et sororum.

Wie dem auch sei, die Erfreulichkeit – und damit relative Sicherheit unseres Fahrens scheint mir unter anderem davon abzuhängen, daß es uns gelingt, zwischen unseren Zielen und Wegen eine sinnvolle Beziehung herzustellen. Dieses wiederum scheint mir davon abhängig zu sein, daß es gelingt, beide in Beziehung zu den Zielen und Wegen unserer Lebensreise zu setzen. Dies schließlich ist ein Thema der Eschatologie. Sollen nicht die wahnwitzige Jagd oder der beliebige Ausflug unser Schicksal sein, am Steuer wie am Schreibtisch oder im Familienkreis, müssen wir unsere Wege mit ihren erfreulichen und beschwerlichen Begebenheiten als kostbare und unverwechselbare Teilstrecken unserer Lebensreise zu sehen lernen. Unsere Teilziele müssen wir in Relation zu dem einen lohnenden und verläßlichen Ziel zu setzen lernen. Damit würde natürlich längst nicht jedes Ziel einer Autofahrt oder sonstigen Unternehmung gerechtfertigt und geheiligt, Fremdbestimmung und Entfremdung würden ja nicht abgeschafft. Ebensowenig verschwänden auch auf Fahrten zu lohnenden Zielen Beschwerlichkeiten unterwegs. Aber wer das weiß, kann gelassener damit umgehen und muß die Frustration nicht durch irrationales Verhalten und Rationalisierungen ausgleichen. Eben deshalb liegt mir an dem Bild von der »Pilgerreise«. Es klingt sicherlich altertümlich, aber nicht durch die sprachliche Entwicklung ist es fremd geworden, sondern durch den drohenden Verlust eines Inhalts, den wir nicht verloren geben sollten.

Freilich hat auch dieses Bild leider seine Tücken: Nicht immer hat der Pilger Sinn auch für den Weg, wie schon angedeutet. Falls die Sorge um das Ziel größer ist als das Vertrauen, ist er der Jagd näher, als er denkt. Mit der »wilden Jagd« hatten die alten Christen wenig im Sinn. Sie verabscheuten Wettläufe und Wagenrennen, woran die Heiden Freude fanden. Sie wußten wohl, daß damit anderen Göttern gehuldigt wurde. Andererseits war Zielstrebigkeit aber ein wichtiges Motiv biblischer Paränese wie der Pilgerliteratur. Wo es um Zielstrebigkeit geht, um Warnung vor Nachlässigkeit und Abschlaffen, kann Paulus sogar den sonst verfemten Sport zum Gleichnis nehmen: »... die in der Kampfbahn laufen ...« (1. Kor. 9,24). Verständlicherweise muß er sich dabei verheddern und kann die Konsequenz des Bildes nicht durchhalten, für ein Bekenntnis zum Rasen war es eben noch zu früh: »... die laufen alle, aber nur einer empfängt den Siegespreis. Laufet so, daß ihr (doch wohl alle!) ihn erlangt.« Die Lektion der Zielstrebigkeit haben wir gelernt. Und wenn dann das eine Ziel aus den Augen gerät und durch eine Fülle mehr oder weniger wichtiger Reiseziele ersetzt wird, kommt es um so mehr auf Konkurrenz und Tempo an. Wenn wir nun diese Ziele auch nicht mehr durch Geduld und Hoffnung, wie Paulus langsam, sondern durch Technik schnell erreichen können, bietet sich das Rasen leicht als einzig plausible Alternative zur idyllischen Fahrt ins Blaue.

Ich erinnere mich an eine Ausstellung in einer als Freilichtmuseum hergerichteten etwa 200 Jahre alten Siedlung in Pennsylvania. Sie zeigte, wie dort John Bunyans »Pilgrims Progress«[16] das noch vor der Bibel meistgelesene Buch der Siedler war. In Form eines Traumes erzählt Bunyan, wie der Pilger Christian[17] auf seiner Reise in die himmlische Stadt vielen allegorischen Gestalten begegnet. Einige hilfreiche sind unter ihnen, wie z.B. Fräulein Achtsamkeit und Herr Barmherzigkeit. Die meisten sind eher störend, wie Herr Fügsam, oder anfechtend, wie die Herren Mißtrauen und Furchtsam. Auch gefährliche Orte sind zu überwinden, wie der Hügel Schwierigkeiten oder der Markt der Eitelkeiten. Es gilt also, konsequent dem Ziel zuzustreben und jedes Abweichen vom Wege zu vermeiden.

Ist es Zufall, oder hängt es damit zusammen, daß im selben Lande mit der »Pennsylvania Turnpike«[18] eine der ersten amerikanischen Autobahnen gebaut wurde, wo gleichzeitig heute noch die Gemeinschaft der Amish und ein Teil der Mennoniten alle moderne Technik aus religiöser Überzeugung ablehnen und mit Pferd und Wagen fahren? Zufällige oder ursächliche Zusammenhänge – jedenfalls zwei konsequente Haltungen, zueinander in einer auch unter uns bekannten Spannung, vielleicht sogar

16 Zuerst 1678 erschienen, in 70 Sprachen übersetzt. Deutsch: Die Pilgerreise, Neuauflagen noch in der 2. Hälfte des 19. Jahrhunderts.

17 Im Englischen Eigenname wie Kennzeichen. Zu deutsch: Christ.

18 turnpike = Schlagbaum, an dem die Gebühr kassiert wurde.

in uns selber streitend[19]: Die einen finden zu einer säkularen Frömmigkeit, in der sich mit Hilfe der Technik Lust an Geschwindigkeit und Zielstrebigkeit verbinden. Die anderen stehen um der alten Frömmigkeit willen ebenso konsequent der Technik ablehnend, mindestens mißtrauisch gegenüber, können ihr nur Appelle entgegensetzen, aber zu ihrer Kultivierung wenig beitragen. Die einzige Alternative? Oder lassen sich – historisch oder symbolisch – auch Spuren finden, die von »Pilgrims Progress« zu der Gelassenheit im Verkehr führen, die mich, wie oben beschrieben, u.a. in Pennsylvania überzeugt hat?

Wie alle Symbole ist auch die »Pilgerreise« vieldeutig, der Interpretation bedürftig und damit einseitig interpretierbar. Gleichzeitig vermögen die Symbole offenbar unsere Interpretationen zu überdauern und zu korrigieren und ihrerseits eine Deutung unseres Lebens anzubieten, Alltagserfahrungen in den Gesamtzusammenhang unseres Lebens und Glaubens zu stellen. So denke ich, die »Pilgerreise« trägt etwas bei zum Verständnis dessen, was Autofahren sein kann und manchmal ist.

Der Pilger weiß sein Ziel. Er kennt es freilich nicht genau. Was ihn dort erwartet, und wie es dort aussehen wird, ist seiner Erfahrung voraus und läßt sich nur in Symbolen umschreiben. Kanaan, Jerusalem und auch die Madonna in St. X und St. Y sind immer mehr und anders, als Reiseführer vermelden können. Der Pilger hat auch Sinn für den Weg, falls nicht ängstliche Sorge um den Verlust seines Zieles ihn fixiert. Er wäre dann der Eile ziemlich nahe. Wo aber die Symbole des Zieles in ihm Hoffnung und Vertrauen nähren, hat es keine Eile, und er kann die Strecken und Stationen des Weges wahrnehmen. Strecken und Stationen des Lobes und der Klage. Strecken und Stationen des Leidens: Mühsal, Gefahren, Kasteiungen, Meditation an Kreuzwegstationen. Strecken und Stationen der Labsal: Grüne Auen und das Manna in der Wüste, die Kapelle am Wege und die Herberge. Natürlich gibt es auch Versuchungen, Um- und Abwege. Es gibt solche, die das Ziel verlieren lassen und in Sackgassen führen: Tänze z.B. ums goldene Kalb. Es gibt auch solche, für die man augenzwinkerndes Verständnis auch des Himmels annimmt: »Heio die Pforten brech' ich ein und trinke, was ich finde. O heil'ger Veit vom Staffelstein, verzeih mir Durst und Sünde«.

19 S.u. Kap. IV.

Die Pilgerfahrt als Symbol für die Lebensreise mag uns helfen, das Ziel im Auge zu behalten und den Weg als Prozeß zu erfahren. Als Symbol für die Autofahrt, auch die alltägliche, nicht nur die große Reise, mag sie anregen, die Ziele unserer alltäglichen Fahrten zu dem einen Ziel in Beziehung zu setzen, damit vielleicht Prioritäten zu verschieben, die Würde des einen und die Unsinnigkeit des anderen Zieles klarer einzuschätzen, jedenfalls die erwünschten wie die beschwerlichen Ziele als Stationen des eigenen, unverwechselbaren Lebens zu begreifen. Und den Weg wahrnehmen? Geht das überhaupt, zumal, wenn man dieselbe Strecke aus beruflichen Gründen zum 150. Male zurücklegt? Es geht. Denn die Farbe der Landschaft ist jeden Tag anders, grün, grau oder weiß. Die Freude über rücksichtsvolle, der Ärger über rücksichtslose andere Verkehrsteilnehmer aktualisiert sich immer neu, ebenso das Gefühl für das Fahrzeug und den Verkehr. Auch die Pilgerreise kennt erregende und eintönige Strecken, sie kennt auch Hindernisse. Staus, Pannen und – Gott sei's geklagt – auch Unfälle sind Teil unserer Lebenserfahrung. Der Straßenverkehr ist ein begrenzter und wichtiger Bereich unseres Lebens, wir sind als ganze Menschen daran beteiligt. Genau in der dementsprechenden Begrenzung und Wichtigkeit gilt dann: »So halten wir dafür, daß denen, die glauben, alle Dinge zum Besten dienen«. Dies ist es, was ich »Reisen« nennen will, im symbolischen und im direkten Sinne.

Nun hat ein altes Phänomen neue Aktualität gewonnen, das weder als Reisen noch als Rasen im bisher beschriebenen Sinne zu verstehen ist: Das Rasen um der Geschwindigkeit selbst willen. Mit erschütternder Regelmäßigkeit ist fast wöchentlich in der Lokalzeitung meiner Heimatstadt – Herborn im Lahn-Dill-Kreis – von tödlichen Unfällen junger Männer zu lesen. »Überhöhte Geschwindigkeit« lautet stereotyp die Begründung. Was das ZEIT-Magazin[20] aus dem Ederbergland berichtet, gilt auch für

20 Christian Pfannenschmidt: Denn sie wissen nicht, was sie tun. ZEIT-Magazin Nr. 35, 21. August 1987.
Im folgenden beziehe ich mich ausführlich auf diesen Artikel, weil er nicht nur authentisches Material bietet, sondern auch interessante, freilich nicht immer ganz überzeugende Deutungen.
Selbstverständlich erwarte ich von einem Journalisten, der nicht fachkundiger Psychologe, Soziologe oder Theologe ist, keine in jeder Hinsicht schlüssigen Erklärungen eines Problems, für das auch Experten keine Lösung zur Hand haben. Pfannenschmidt be-

unsere unmittelbar angrenzende, sozial und kulturell ähnlich geprägte ländliche Region. Wieweit sich die Motive der jungen Leute auch in der Seele älterer Fahrer finden, denen sich Ziele und Termine zur Rationalisierung anbieten, gebe ich zur Selbstprüfung zu bedenken.

Bisher war vom Rasen als – möglicherweise wahnwitziger – Zielfixiertheit die Rede. Darum geht es hier jedoch nicht. Nicht Terminkalender oder irgendein erfolgverheißendes Ziel bestimmen das Tempo. Im Gegenteil: Deren Fehlen und die daraus resultierende Beliebigkeit lassen die Fahrt zum Selbstzweck werden[21], aber nicht als Reise und Erlebnis des Weges. Diese Fahrten finden häufig nachts statt. Das schnelle Fahren selbst ist das Abenteuer als Erleben von Spannung und Triumph, von Lebens- und Todessehnsucht. »Hier ist nichts los«, sagen die jungen Leute. Und daß die rasende Fahrt selbst noch reizvoller ist als die angesteuerte Diskothek, ist leicht vorstellbar. In den Städten ist »mehr los«. Neben Auto und Motorrad stehen andere Vehikel des Aufbruchs aus der Kindheit und des Aufbruchs aus dem Alltag zur Verfügung. Die sind freilich auch nicht ungefährlich. Geographische, kulturelle, soziale Gegebenheiten spielen sicher eine ursächliche Rolle. Die Landschaften sind immer noch stärker durch Wälder und Felder geprägt, als durch Technik. – Und als reizvolle Alternative dringt die Technik ein durch die Medien und wird verfügbar zuerst durch die Kraftfahrzeuge. Die jungen Leute finden einen Mangel an Angeboten zu Spannung und Entspannung – und Straßen, die zum Rasen noch leer genug sind. Die dörfliche Gemeinschaft macht Freundschaften und Gruppenbildung viel leichter möglich als die Großstadt – und läßt destruktive Moden leicht zum Diktat werden. Der Anteil am Wohlstand gestattet den Besitz von Fahrzeugen – aber nicht ohne weiteres anspruchsvollere Abenteuer.

Solche Faktoren erklären indessen nur, weshalb gerade Autos und Motorräder zu besonders gefährlichen Vehikeln jugendlicher Abenteuerlust werden, und wie diese Lust Züge von Sucht annimmt. Das Risiko aber, und damit die Spannung von Angst und Mut, gehören unvermeidlich zu dieser

müht sich einfühlsam und ohne plakative Klischees um Verständnis. Stärker als wissenschaftliche Fachliteratur formuliert oder prägt er öffentlich wirksame Deutungsmuster, um die es mir hier geht.

21 Vgl. meine Selbstbeobachtung, daß ich zuweilen ungeduldiger fahre, je zweifelhafter mir die Wichtigkeit des Zieles ist. S.o. S. 35f.

Lebensphase der Identitätssuche und – wenn es gut geht – Identitätsfindung. Denn diese Phase ist selbst eine besonders abenteuerliche Wegstrekke unserer Lebensreise. Man kann wünschen und dazu beitragen, daß junge Männer ihre Mutproben schon hinter sich haben, wenn sie den Führerschein bekommen, aussparen kann man sie kaum[22]. Alle Märchen, Sagen und Legenden, die als symbolische Entwicklungsgeschichten von jungen Männern erzählen, haben Gefährdungen, Bewährungen und Bewahrungen zum Thema und wissen nicht selten von Weggenossen des Helden zu berichten, die unterwegs gescheitert sind oder das Leben verloren haben. Alte und moderne Zeiten bieten Variationen, nicht aber Überwindungen dieses Themas.

Diese Überlegungen ersetzen weder konkrete sozialkritische Analysen[23] noch politische und sozialpädagogische Versuche, dem tödlichen

22 Auch Mädchen werden selten erwachsen ohne Krisen und gefährliche Abenteuer. Dazu gehören Mutproben gelegentlich, aber nicht so stereotyp wie bei den Jungen. Es wäre interessant, nach den Äquivalenten zu suchen und nach den kulturellen oder biographischen Ursachen der Unterschiede. Es führte hier nicht weiter, da es um gefährliches Verhalten geht, das fast ausschließlich bei jungen Männern anzutreffen ist. Mir bekannte Ausnahmen bestätigen die Regel.
Aufschlußreich mag es sein, zu untersuchen, in welchem Maße die Mädchen und jungen Frauen eher Angst oder Stolz empfinden angesichts dieser männlichen Heldentaten, und welche Rolle dies spielt, vielleicht ähnlich wie bei den mittelalterlichen Turnieren.

23 Im o.g. ZEIT-Magazin wird die Ländlichkeit der Umwelt als wesentliche Ursache der Temposucht beschrieben, sicher nicht zu Unrecht und belegt durch authentische Zitate. Die bei monokausalen Erklärungsversuchen gegebene Gefahr der Klischeebildung zeigt sich aber, wenn unter anderem auf das Wetter rekurriert wird: »Oft hängen die Wolken tief und schwer über diesem Wetterloch, ... oft plirrt der Regen wochenlang ...« (S. 10). Daß das Wetter Einfluß auf Gefühle und Verhaltensweisen hat, ist bekannt. Im Vergleich etwa von Süd-, Mittel- und Nordeuropa würde ich solche Begründung als Hypothese akzeptieren. Aber im Lahn-Dillkreis mit den gleichen Unfallphänomenen scheint die Sonne nicht seltener als in der weiteren Umgebung, und wenn, dann klarer als in den großstädtischen Ballungsgebieten. Auch das Ederbergland liegt nicht auf den Faroer und ist mir in Sommer und Winter attraktives Freizeitgebiet. Hier muß, so scheint mir, die Natur zur Erklärung dienen, wie bei Großstadtproblemen der Beton. An die Grenze der Klischeebildung gerät der Verfasser auch, wenn er schildert, wie zwei junge Männer sich in ihrer Werkstatt unermüdlich bastelnd, bauend, verändernd ihren Autos widmen. »Sie haben sich den Maschinen zugewandt, wie andernorts sich Menschen den Menschen zuwenden« (tun sie das wirklich?). Zur personalen Beziehung auch

Treiben auf ländlichen Straßen Einhalt zu gebieten. Gut, wenn solche Maßnahmen dazu beitragen, der ungebändigten und frustrierten Energie weniger riskante Abenteuer anzubieten. Es wäre aber verharmlosende Illusion zu meinen, dadurch die Gefährdung junger Menschen ausschließen zu können. Sie ist ebenso unvermeidlich wie die Angst der Eltern. Diese Angst hat vielfältige Gestalt und vielfache Anlässe, unter anderem die ersten selbständigen Fahrten der Kinder. Nicht immer muß – Gott sei Dank – die Angst so tiefgründig und umfassend sein, wie die der im ZEIT-Magazin zitierten Mutter: »Manchmal denke ich mir, das beste ist, er wäre tot. Dann hätten wir beide es hinter uns, dann hätten wir endlich wieder Frieden, er und ich.« Aber auch wem als Mutter oder Vater so tiefe Unruhe erspart blieb, kann sich hineinfühlen, findet in sich bewußte und halbbe-

zum technischen Gerät s.u. Kap. IV. Solches Verhalten finde ich nicht typisch für ein bestimmtes Gebiet. Und man würde so auch zögernder urteilen, wenn die Jungs solche Liebe z.B. als Schreiner ihrem Werkstück oder als Musiker ihrem Instrument widmeten.

Andersartige wichtige Überlegungen zur Erklärung suizidaler Tendenzen beim Fahren finden sich bei Klaus Peter Jörns: Das Auto bin ich? Vortragsreihe Heft 5, Bruderhilfe Verlag, Kassel 1982.

In überzeugender Weise stellt Jörns dar, wie sich Auto und Motorradhaut geradezu anbieten, sie in symbiotischer Beziehung gleichsam als Uterus zu erleben, in den man sich aus den Spannungen des Alltags zurückziehen kann. Damit sind die Fahrzeuge geeignet, die aus Selbstwertverunsicherung und Selbstaggression gespeiste suizidale Psychodynamik aufzunehmen und zu verstärken. So kommt es dazu, die ersehnten Lebensmöglichkeiten durch lebensgefährdende Mittel zu suchen.

Die suizidalen Neigungen führt Jörns auf frühkindliche Erfahrungen der Verunsicherung und Aggressionshemmung zurück. Dabei denkt er nicht nur an bestimmte Konstellationen in einzelnen Familien, sondern auch an die soziokulturellen Bedingungen unseres Zusammenlebens. Weiterführend sind diese Beobachtungen und Überlegungen, weil sie helfen, monokausale Erklärungen (z.B. ländliche Umwelt), zu handliche Lösungen (z.B. Aufklärung und Appelle) und moralische Diskriminierung todesträchtigen Verhaltens zu vermeiden.

Zur Erklärung des hier behandelten Phänomens – sich zeitweilig häufendes Rasen junger Männer in bestimmten Regionen – sind aber m.E. nicht nur Sozialisation und Sozialisationsbedingungen zu beachten. Hinzukommen wohl die mit dieser Altersstufe der Identitätssuche junger Erwachsener verbundene besondere Sensibilität, Auf- und Ausbruchsneigung und die gegenseitige »Ermutigung« der Altersgenossen zu bestimmtem – im Lauf der Zeit wechselndem – Verhalten.

wußte Spuren vergleichbarer Gefühle. Angst ist die Kehrseite der Hoffnung, wie die Kehrseite der Liebe die Aggression.

Auch die biblischen Geschichten und Symbole berichten nicht nur von frohgemuten, gelegentlich beschwerlichen Wallfahrten. Sie kennen auch Pilgerreisen, bei denen alles auf dem Spiel steht: »Geh' aus deinem Vaterland .. und aus deines Vaters Haus in ein Land, das ich dir zeigen will. Und ich ... will dich segnen und dir einen großen Namen machen, und du sollst ein Segen sein« (1. Mose 12,1ff). Dabei geht es für Abraham »nur« um Aufbruch ohne Rückversicherung, radikaler noch wird im Neuen Testament unsere Existenz in Analogie zu Jesu Reise nach Jerusalem gesehen: »Wer sein Leben erhalten will, der wird's verlieren; und wer sein Leben verliert um meinetwillen ..., der wird's erhalten« (Mk. 8,35).

Selbstverständlich gleicht der Start aus dem elterlichen Eigenheim in das nächtliche Risiko nicht ohne weiteres dem Aufbruch Abrahams nach Kanaan. Und die wagemutige Mischung aus Lebens- und Todessehnsucht beim Fahren ist nicht der Herausforderung Jesu gleich. Aber ohne Beziehung zueinander sind sie nicht, sondern in Entsprechung und Unterschied vergleichbar: Diese Symbole meinen einen Aufbruch, von dem man nicht einfach wieder, glücklichenfalls mit bereichernden Erfahrungen wie »mit fremden Schätzen reich beladen«, zu den »heimischen Gestaden«[24] zurückkehren kann. Und daß Gottes Geleit keine handliche Lebensversicherung ist, wurde dem Abraham gleich angekündigt: »Ich will segnen, die dich segnen, und verfluchen, die dich verfluchen«, Anfechtungen bleiben ihm nicht erspart. Dem vergleichbar wird bei den jugendlichen Fahrten, zumal den ersten mit dem neuen Führerschein, weit mehr erlebt als ein kurzweiliger Ausflug, von dem man trotz übermütiger Manöver allermeistens zur alltäglichen Arbeit und Mahlzeit zurückkehrt. Mehr oder weniger umfassend – je nach individueller Sozialisation – sind solche Fahrten Erlebnis bisher ungekannter Freiheit, Macht und Größe, neuer Verantwortung, darin eher dem Reisen als dem Rasen vergleichbar. Dafür ist der Verlust der kindlichen Geborgenheit und Begrenztheit als Preis zu bezahlen. Jede Identitätskrise kann mit dem Symbol von Tod und Auferstehung gedeutet werden, der Schritt in eine partiell neue Identität gelingt nur um den Preis des partiellen Sterbens der alten, und es ist niemals sicher, daß

24 Friedrich Schiller, Der Ring des Polykrates.

der Schritt gelingt. Und wo das Leben auf dem Spiel steht, ist es nur ein kleiner Schritt, es willkürlich aufs Spiel zu setzen.

Der entscheidende Unterschied solcher jugendlicher Fahrten zu symbolisch beschriebenen Aufbrüchen liegt nicht darin, daß erstere meistens von kürzerer Reichweite und Dauer sind. Die entscheidende Frage ist vielmehr, ob ein Aufbruch im Bewußtsein zugesagten Segens geschieht, um dessentwillen und auf den hin man das Leben im bisher Gewohnten preisgibt, oder ob man glaubt, der Vergangenheit wie der ungesegneten Zukunft entfliehen und sich selbst aufs Spiel setzen zu müssen.

»Denn sie wissen nicht, was sie tun«, lautet biblisch die Überschrift des diesbezüglichen Artikels im ZEIT-Magazin. Ich höre daraus – oder lese hinein – eine Mischung aus Angst und Zorn angesichts der todesträchtigen Lust. Wußte Abraham, was er tat? Planen und kalkulieren konnte er ja nicht auf dem Weg in das unbekannte Land mit dem Segen des ansonsten unbekannten Gottes. Wissen die jungen Leute, was sie tun? Vordergründig kennen sie ihre Wege und die Gefahren. Untergründig ahnen und unbewußt wissen sie wohl, daß es um mehr geht, nur den Segen vermissen sie[25], suchen den Rausch als Ersatz und dessen Transzendierung im Kult

25 Das darf nicht einfach heißen, ihnen fehle jeder Glaube. So die in kirchlichen Kreisen nicht selten gehörte Klage und Sorge, die Zeiten wären besser, wenn die (jungen) Leute mehr an Gott oder Jesus Christus glaubten. In unserem durch Erweckungsfrömmigkeit, Landeskirche, landeskirchliche Gemeinschaften und Freikirchen geprägten Region tun sie das übrigens häufiger als in anderen deutschen Gegenden. Mancher, der mittwochs zur Disko rast, findet sich donnerstags in einer christlichen Jugendgruppe, fand sich dort mindestens noch ein halbes Jahr zuvor. In der Zeit meines Aufenthalts in Pennsylvania, USA, wurde von gleichartiger Raserei der Söhne der Amish und der Mennoniten erzählt. Diese Gemeinschaften verzichten, wie oben gesagt, auf Kraftfahrzeuge zugunsten von Pferd und Wagen, verlangen solche Observanz von den Jungen aber erst, wenn sie – wenn ich mich recht erinnere, mit 23 Jahren – Vollmitglieder geworden sind. Deren ungeübte und unbändige Fahrten nächtlich von geheimen Waldparkplätzen hatten schreckliche Folgen.

Es wäre interessant, den religiösen Implikationen dieses Phänomens nachzugehen. Sei es, daß eine Triebverzicht fordernde Religion um so heftigere Ausbrüche provoziert. Sei es, daß ein die Pfadfinderlust oder die Todessehnsucht nährendes Gottesbild den Fahrten die Weihe gibt. Ich behaupte nicht, daß auch hier Gründe für die Unfälle unserer Region zu finden sind. Nur äußerst behutsame und detaillierte Beobachtungen könnten hier Aufschluß geben. Auch ist zu bedenken, daß es sich hier eben um Aufbruch aus der elterlichen Welt handelt und also auch die Frömmigkeit der Eltern nicht ohne weiteres

an den Kreuzen am Straßenrand. Wußten Jesu Henker, was sie tun? Vordergründig meinten sie, es sicher zu wissen und wußten es eben deshalb nicht. Untergründig mögen sie geahnt haben, daß es um sie selbst ging. Und nicht in Angst und Zorn, Sorge und Ärger, sondern segnend sagt Jesus: »Vater vergib ihnen, denn sie wissen nicht, was sie tun« (Luk. 23,34).

Symbole deuten unser Leben als gesegnete Wallfahrt auf ihren bequemen und mühseligen, wie auch auf den kritischen Strecken. Dabei erscheint die Lebensreise selbst als Abenteuer, zu erleben in Angst und Vertrauen, zuweilen im Ringen, das das Vertrauen auf's Spiel setzt, falls es bei bestimmten Übergängen zu Kämpfen wie am Jabbok kommt: »Ich lasse dich nicht, du segnest mich denn« (1. Mose 32,27). Das besondere Abenteuer muß dann nicht extra gesucht werden. Es findet sich, erwünscht oder unwillkommen, beglückend oder bedrohlich, auf alltäglichen wie außergewöhnlichen Strecken. Eben dies gilt auch für unsre Auto- und Motorradfahrten als Teil und als Analogie der Lebensreise. So kann das Fahren zum Reisen werden und muß nicht Mittel sein, die Spannung von Lebens- und Todessehnsucht im Rausch aufzulösen.

Dienen solche Überlegungen der Verkehrssicherheit? Dienen »Bekehrungserlebnisse« zum »Reisen« wie das oben beschriebene der Sicherheit? Hoffentlich! Vielleicht obwohl – oder gerade weil Sicherheit nicht direkt dabei intendiert war. Jedenfalls sind die hier vorgestellten Überlegungen nichts anderes als ein Sammeln, Bedenken, Ordnen und Verbinden solcher Bilder und Motive, die diese und vergleichbare Erfahrungen deuten und kommunikabel machen. Und wenn es stimmt, daß es sich bei unserem Umgang mit dem Auto nicht nur um erlernbare und ohne weiteres so oder so einzurichtende Verhaltensweisen handelt, wenn vielmehr zwischen Verhalten, Tagesgefühl, Lebensgefühl und Lebenseinstellung eine – nicht eindeutige und kausale, sondern vielfältige und umkehrbare – Beziehung besteht, dann kann Theologie ihren Gesprächsbeitrag am ehesten leisten, wenn sie ihr Augenmerk auf die Lebenseinstellung richtet. Sie kann die

für das verantwortlich gemacht werden kann, was die Jungen aus ihr machen oder gegen sie tun.
So gebe ich diese Überlegungen nur zu bedenken, als Warnung vor volksmissionarischer – zweckrationaler – Naivität, und als Anregung an die Pfarrerinnen und Pfarrer solcher ländlicher Regionen, bei ihren Gesprächen mit Jugendlichen auf solche Implikationen zu achten.

unterschiedlichen Gestalten des Glaubens und der Angst darstellen, die Weisen, Gott und die Welt und sich selbst zu verstehen. Sie kann Verhaltensweisen darstellen, die dem entsprechen.

Eine zweckrationale, z.B. Sicherheit oder andere Werte konsequent anstrebende Argumentation ist damit freilich ausgeschlossen. Es geht nicht nach dem Motto: Von den Symptomen zur Ursache, um durch Beseitigung ursächlicher Fehler zum erwünschten Ergebnis zu kommen. Denn Rasen z.B. oder Reisen sind weder Symptome noch Ursachen. Sie sind Phänomene eines vielschichtigen Spieles, das sowohl die Bewegungen unseres Fußes zwischen Gashebel und Bremse betrifft als auch den Glauben in der Tiefe unserer Seele, sowohl die Menschen als auch Gott, ihren Schöpfer und – ja was: Begleiter? Antreiber? Tröster? Beschützer? Lehrmeister? Erlöser? usw. Man kann bezüglich der Handlungsweise wie der Lebensdeutung von eigenen Überzeugungen werbend erzählen, aber man hat es nicht in der Hand, wen welche Symbole wann wie ansprechen. Symbole entziehen sich zweckrationaler Verwendung. »Der Geist weht, wo er will«, und mit ihm haben wir es zu tun, wenn wir mit Symbolen umgehen.

Nachdem ich den Führerschein erworben hatte, gab mir mein Vater den Zündschlüssel zur ersten unbegleiteten Fahrt mit den Worten: »Ich wollte, du hättest den ersten Unfall schon hinter dir.« Vermutlich gab es auch Mahnungen, vorsichtig zu fahren, ohne Alkohol usw. Ich erinnere mich nicht. Dieser Satz aber ist mir im Gedächtnis geblieben als Geleit. Vielleicht hat er sogar ein wenig dazu beigetragen, daß es beim ersten und den bisher gefolgten Unfällen bei Blechschäden geblieben ist. Diese Worte beschrieben realistisch, und dadurch entspannend, seine und meine Situation mit ihren bedrohlichen und hoffnungsvollen Perspektiven. Sie verzichteten auf den Versuch, die Gefahr durch moralische Beschwörungen zu vertreiben.

Während sattsam bekannte Ermahnungen den ohnehin vorhandenen Druck nur erhöhen und das Selbstwertgefühl schwächen, wirkten diese Worte entlastend, zunächst einfach dadurch, daß sie mir indirekt, ohne vollmundige Versprechungen, zu verstehen gaben, ich könne nach einem Unfall in der Erwartung nach Hause kommen, die Erleichterung meines Vaters über die Heimkehr würde größer sein als sein Ärger über den entstandenen Schaden. Noch wirksamer waren vermutlich der Realismus und die Ehrlichkeit in der Beschreibung sowohl unserer Beziehung als auch meiner Situation im Straßenverkehr. Anstatt seine Angst und Aggression in Ermahnungen zu kleiden und damit zu meinem Problem zu machen, drückte mein Vater seine Angst authentisch aus. Auch die aggressiven Anteile waren deutlich hörbar. Schließlich war die Situation nur gegeben durch mein ihm erwünschtes wie bedrohliches Erwachsenwerden. Die Aggression wurde aufgewogen durch das gleichzeitige Vertrauen: Daß ich in bestimmten Grenzen über unser Auto verfügen dürfte, war nie fraglich.

Am wichtigsten wohl: Nicht die Unvermeidlichkeit, aber die Möglichkeit, ja Wahrscheinlichkeit eines Unfalles wurde als indiskutabel schlicht benannt. Als ebenso indiskutabel wurde die Erwartung benannt, der erste Unfall würde zur Lernerfahrung werden können, also nicht zugleich der letzte sein. Eine Verdrängung?[26] Rationale Gründe für diese Sicherheit gab es natürlich nicht. Mag dazu die nicht ganz unbegründete Erwartung beigetragen haben, ich würde nicht allzu leichtsinnig das volle Risiko eingehen. Vielleicht spielte auch die Lebenserfahrung meines Vates eine Rolle, selbst in jugendlichen und älteren Jahren von allen Fahrten heimgekehrt zu sein. Aber diese letztlich optimistische Erwartung mußte sich doch auf nicht Kalkulierbares gründen. So spricht sich in säkularer Sprache Religion aus, mit einem Schuß Magie: dreimal aufs Holz geklopft. Wann wäre lebendige und popularisierte Religion ganz ohne Wunderglauben ausgekommen, bis hart an die Grenzen des Aberglaubens, wenn nicht über diese hinaus?[27] Natürlich suche und wünsche ich mir einen reiferen, realistische Gewißheit statt zweifelhafte Sicherheit stiftenden Ausdruck von Spi-

26 Sicher eine Spur von Verdrängung. Andererseits: So naiv ist doch niemand, daß er nicht von der tödlichen Gefahr wüßte, ohne auch diese noch in schonungsloser Offenheit beim Namen nennen zu müssen.
Vgl. dazu zwei religions- und tiefenpsychologisch interessante widersprüchliche Überlieferungen: Die bösen Geister verlieren ihre Macht, sobald man sie beim Namen nennt. Und man soll den Teufel nicht an die Wand malen. Auch der Drang nach totaler Offenheit kann psychische Abwehr sein oder im Dienste der Magie stehen.

27 Genau in dieser auf nicht Kalkulierbares gegründeten und die Grenze des Magischen streifenden (theologiegeschichtlich gesprochen auf der Grenze zwischen securitas und certitudo angesiedelten) Gewißheit unterscheidet sich der Wunsch meines Vaters von dem oben aus dem ZEIT-Magazin zitierten Wunsch der Mutter, die über ihre Verzweiflung hinaus Frieden für sich und ihren Sohn nur noch jenseits des Todes denken kann.

ritualität. Aber auch in dieser etwas fragwürdigen Ausdrucksweise erweist sich ein solcher väterlicher Satz als Segenswort in säkularer Sprache. Es gehört Mut dazu, so vom ersten Unfall zu sprechen. Und gerade im Verzicht auf – ängstliche – Zweckrationalität liegt das Geheimnis seiner paradoxen Wirkung.

Von Religion mit einem Quäntchen Magie war die Rede. Ein uraltes Thema auch im Zusammenhang des Reisens. Früher erwartete man vom Talisman oder vom Amulett einen Beitrag zur sicheren Fahrt. Vom Talisman eher Heil, Glück, Wegweisung auf dem nicht immer planbaren Weg, vom Amulett eher Schutz vor Störungen und Gefahren. Ein Bild des Christophorus zum Beispiel begleitete und begleitet auch heute nicht selten die Reise. Dient es der Sicherheit? Christophorus ist sicher ein Symbol. Wie wirkt es? Was ist und wie wirkt ein Talisman nach unserem Verständnis?

Was beim Symbol der moralische Appell, ist beim Talisman die Magie: zweckrationaler Mißbrauch. Man will die erwünschte Folge heraufbeschwören. Daß das nicht klappt, lehrt die Erfahrung. Im ersten Falle vermag die Psychologie, im zweiten die naturwissenschaftliche Aufklärung das Scheitern auch zu erklären. Nur bewirken solche Erklärungen wenig und führen auch nicht weiter. Wenn es keinen Sinn haben sollte, einen Talisman mitzunehmen, hat es dann einen Sinn, von Gott zu reden, der einen auf der Reise begleitet? Die Frage liegt offenbar auf einer anderen Ebene, wie das folgende Beispiel zeigen mag.

Ich erinnere mich, immer noch mit leichtem Schauder, an eine Fahrt im Express-Bus in Mexiko. In halsbrecherischem Tempo jagte der Fahrer zwei Stunden lang über die Straßen, durch Dörfer und Maisfelder, vorbei an Eselskarren und LKW, an Kindern und Hühnern. Hinter seiner Windschutzscheibe hing eine Madonna. Die statistische Wahrscheinlichkeit ist außerordentlich groß, daß er ein tiefgläubiger Mensch war wie die meisten seiner Landsleute. Nehmen wir also an, daß die Madonna ihm mehr war, als ein Zierrat[28]. Dann hat er sich von ihr offenbar nicht zu ruhigerem, gar

28 Mit dieser Feststellung gerate ich übrigens in den Einflußbereich einer scheinbar naheliegenden, tatsächlich jedoch abwegigen Psychologisierung von Theologie und Glauben. Sicherlich muß man auch kritisch über den Sinn der Rede von Gottes oder der Heiligen Realität und Wirksamkeit nachdenken, und ohne Glauben tut man sich damit wohl schwer, aber jeder Katholik oder Orthodoxe muß sich wohl gegen die Meinung wehren, die Wirksamkeit der Madonna hinge von unserem Glauben ab. Und auch den

verantwortungsbewußterem Fahren überzeugen, sondern zu sorglosem Rasen ermutigen lassen. Nach meinem Verständnis sicherlich nicht in ihrem Sinne. Nun hätte unser Busfahrer mit seinem vermutlich voraufklärerischem Gottesverständnis für solche Einwände wohl wenig Verständnis gehabt und einfach gesagt, daß er der Madonna zutraut, ihn zu bewahren. Magischer Mißbrauch mit Verantwortungslosigkeit als Folge? Sind wir in dieser Weise zu Richtern gerufen? Oder hat sie ihn tatsächlich bewahrt? Anlaß dazu gab es genug. Hat sie damit meine eben auch zweckrationale, noch dazu Aufklärerisches und Moralisches vermengende Argumentation widerlegt, mit der ich ihr vorschreiben will, ihn – wenn überhaupt – zum »Reisen« zu bewegen und also dazu, »nach Möglichkeit nicht schneller als 80 km/h . . . zu fahren« (s.o. Anm. 1).

Der rasende Mexikaner und seine Madonna interessieren mich genau deshalb, weil ich spüre und einsehe, in welche Widersprüche ich mich verheddere, wenn ich gegen die Art ihrer Beziehung protestiere. Sie interessieren mich aus theoretischen und praktischen Gründen bei der Frage, um die es in diesem Kapitel geht: Spiritualität und Fahrpraxis.

Mag sein, daß ich den Mexikaner nachsichtiger, freundschaftlicher kritisiere als den moralisierenden Appell unserer Pröpste, weil ich seine Freude am Rasen auch in mir finde und argwöhne, daß die Pröpste eben diese verdrängen. Davon war schon die Rede. Mag auch sein, daß mein Zorn im Protest gegen besagten Appell eine Projektion meines eigenen verdrängten Moralismus ist. Darüber ist nicht öffentlich zu reden, aber im Stillen nachzudenken. Was hier auf dem Spiel steht, ist etwas anderes: Die Möglichkeit einer ebenso freien, wie aufgeklärten Spiritualität und ihre Beziehung zur Sicherheit im Straßenverkehr.

Der Feind des Glaubens ist ja nicht nur die Zweckrationalität in Gestalt einer zielstrebigen Verwendung von Symbolen im Dienste einer bestimmten Moral, die meistens nur kurzfristigen Gehorsam oder Abwehr aus schlechtem Gewissen hervorruft, den Erfahrungen mit Gesetz und Evangelium analog. Dem Glauben feind ist ebenso das naturwissenschaftlich geprägte positivistische Wirklichkeitsverständnis, das z.B. gegen Amulett

Protestanten ist das Wort Karl Barths (oder Gollwitzers?) überliefert, daß es nicht so wichtig ist, ob ich an Gott glaube; wichtiger ist, daß er an mich glaubt. Auch für die Symbole gilt, daß sie nicht Glauben voraussetzen, sondern ihn stiften.

und Talisman mißtrauisch macht, und den Symbolen allenfalls eine psychologisch berechenbare Wirksamkeit erlauben möchte und ihrer offenbar vielfältigen und vielschichtigen Wirksamkeit keinen Raum lassen mag, theoretisch wie praktisch. Dieses Problem bewegt mich also nicht nur als Theologen, sondern auch als Autofahrer.

Auch als Autofahrer habe ich es mit zwei Paradoxien zu tun: Erstens bewege ich mich in einem Bereich, in dem es in hohem Maße auf verantwortliches Verhalten ankommt – das paradoxerweise am ehesten möglich wird, wo es nicht durch moralische Appelle beschworen und wo Freiheit gestiftet wird. Zweitens benutze ich ein technisches Gerät, Produkt rationalen, naturwissenschaftlich kausalen Denkens – das paradoxerweise nur menschenfreundlich zu gebrauchen ist in einer Spiritualität, die die Fesseln solchen Denkens sprengt.

Der moderne Reisende wird nicht nur irritiert – und möglicherweise als Wagenlenker verkrampft und unsicher –, wenn er in der Beziehung von Lust und Gewissen nicht mit sich im Reinen ist. Irritiert ist er auch, solange er nicht sieht, wie er lenkend, gasgebend, bremsend sich den Naturgesetzen anvertrauen und zugleich beten und meditieren kann.

Der Beitrag der Theologie in dieser Frage muß also ein Umgang mit Symbolen sein, der von den Fesseln der Gesetzlichkeit ebenso befreit wie von denen des positivistischen Denkens.

Ich führe kein Amulett mit mir und keinen Talisman. Ich habe auch nicht vor, dies in Zukunft zu tun. Im Unterschied zu den oben beschriebenen Symbolen interessiere ich mich für sie nicht direkt. Ich gestatte meinem aufgeklärten Verstand, mich gegenüber Amulett und Talisman mißtrauisch oder gleichgültig zu machen. Ich erlaube ihm aber nicht, mich gegenüber dem zu verschließen, für das diese Begleiter stehen, und ohne das auch Symbole nicht leben können: Meditation, Gebet und Segen.

Das Amulett steht für das Gebet um Geleit und Schutz. Und da will ich mir auch nicht vorschreiben lassen, worauf sich ein solches Gebet richten kann oder nicht mehr richten darf: Darf ein Gebet lauten: Bewahre mich vor Torheit, Ungeduld, Unachtsamkeit, vor dem Glauben an Wotans wilde Jagd? Darf es auch lauten: Bewahre andere und mich vor ihrer Torheit, Rücksichtslosigkeit und Müdigkeit? Darf es auch beinhalten: Bewahre mich vor den Tücken des Wetters, und laß die Sonne das Glatteis tauen?

Der Talisman steht für den Reisesegen, auf den ich hier hinaus will. Im

Segen kommen beide Seiten zusammen: Die Wirklichkeit der Symbole und die Wirklichkeit unseres Glaubens als Geleit auf dem Weg, als Orientierung auf ein Ziel und über das Tagesziel hinaus.

Im Kontext von Reisen und Rasen will ich also feststellen: Von Geboten und Gehorsam reden wir später. Der Beitrag der Theologie ist fürs erste das Nachdenken über Symbole. Der Beitrag der Kirche ist der Reisesegen.

Vom Stadtverkehr

In diesem Kapitel suche ich Antwort auf zwei Fragen: Wie kommt es – und wie kann ich mich davor bewahren, daß ich mich immer wieder auf Spiele wie das folgende einlasse?

Ich fahre mit meinem PKW in Richtung Innenstadt, dort irgendwo einzukaufen, eine Dienststelle aufzusuchen oder ein Kino. Ich passiere ein Parkhaus am Rande der City, denn ich weiß, daß es in der Nähe meines Ziels eine Straße ohne Parkuhren gibt. An der nächsten Kreuzung warte ich auf »Grün«, passiere ein weiteres Parkhaus, biege ab und warte wieder vor einer roten Ampel. Da andere mit mir unterwegs sind, schaffe ich es erst bei der übernächsten Grünphase. Schließlich erreiche ich die angestrebte Straße. Ein freier Parkplatz ist dort nicht zu finden. Beim vorigen Mal war auch keiner frei, aber beim vorvorigen. Da es unmöglich ist, dort zu halten und abzuwarten, drehe ich eine Runde, dabei eine grüne und eine zunächst rote Ampel passierend, und erreiche die Straße nach 7 Minuten ein zweites Mal. Immer noch findet sich kein Parkplatz. In der Nähe kenne ich eine weitere Straße ohne Parkverbot, leider eine meiner Richtung entgegenlaufende Einbahnstraße, so daß ich erst einen Umweg fahren muß, wieder an zwei Ampelanlagen vorbei. Nachdem ich irgendwo falsch eingebogen war und deshalb um zwei weitere Ecken fahren mußte, finde ich sie, aber auch dort keinen Platz für mein Auto. Dem erst leisen, inzwischen lauten Zorn auf die ganze Zivilisation und ihre Autos, meines inklusive, mit Flüchen Luft machend, wende ich mich in Richtung Stadtrand, das nächstgelegene Parkhaus anstrebend. Das ist inzwischen besetzt. Die nächste Ampel erreiche ich bei Rot, die folgende Kreuzung kann ich gleich bei Grün überqueren, was ich inzwischen schon fast als ein mich etwas versöhnendes Wunder empfinde. Nach einem letzten Umweg wegen des Einbahnverkehrs erreiche ich schließlich das Parkhaus, an dem ich vor 35 Minuten schon einmal vorbeigefahren war, und finde Platz. Der Fußweg zum Zentrum dauert 15 Minuten. Die Straßenbahn schafft es in 12 Minuten, Wartezeit eingeschlossen.

Aus den zahlreichen Varianten dieses Spiels seien zwei aufgeführt: 1. Ich stelle schließlich den Wagen ab, wo Parken verboten ist. Natürlich empfinde ich es als Ungerechtigkeit, wenn »ausgerechnet heute« dort polizeiliche Kontrollen erfolgen. 2. Falls meine Frau dabei ist, verabreden wir, daß sie schon mal losgeht, um Einkäufe zu erledigen, und wir uns an einem bestimmten Ort wieder treffen, falls ich bis dahin den Wagen losgeworden bin. Damit degradiere ich mich zum Chauffeur.

Gegen diese unzumutbare Quälerei – über deren Unfallträchtigkeit kein weiteres Wort zu verlieren ist – sind prinzipiell zwei Maßnahmen denkbar: Entweder man muß mehr autobahnähnliche innerstädtische Durchgangsstraßen bauen und mehr Parkhäuser im Zentrum, und zwar zu billigen Tarifen. Oder man muß den Wagen vor der Innenstadt parken.

Ersteres will ich nicht und kann es nicht wollen. Denn es würde das angestrebte Ziel zerstören: die Stadt. (Über unterirdische Parkhäuser läßt sich reden.) Also bleibt nur die zweite Lösung.

Langjährige Erfahrung zeigt, daß die zweite Lösung viel schwieriger zu erreichen ist als die erste. Daß sie dennoch praktikabel ist, zeigen freilich auch Erfahrungen glücklicherweise: Die in vielen Städten zwischen Prag und San Francisco eingerichteten Fußgängerzonen gehören für mich zu den hoffnungsträchtigsten Erscheinungen der gegenwärtigen Zivilisation.

Bevor ich über die Hindernisse und Möglichkeiten dieser Lösung weiter nachdenke, will ich einige Vorbemerkungen machen: Ich trete hier also dafür ein, die Fahrzeuge weitgehend aus den Ortschaften herauszuhalten und halte dies für den wesentlichen Beitrag zur Sicherheit. Selbstverständlich gibt es andere die Sicherheit der Fußgänger und Fahrer fördernde Maßnahmen, wie z.B. Ampeln an Zebrastreifen, Fußgängertunnel, Einbahnverkehr usw. Vieles wurde in dieser Richtung getan, und ich sehe nicht, wie hier noch viel mehr getan werden könnte, von Einzelfällen natürlich abgesehen. Ich bin auch durchaus der Meinung, daß eine Kirchengemeinde, ein Kirchenvorstand oder ein interessierter Gemeindekreis sich in solchen Einzelfällen engagieren kann und soll, sich mit anderen gesellschaftlichen Gruppen gegebenenfalls verbündend, im Sinne einer Bürgerinitiative. Dies mag sich auf einen ampelgeschützten Fußgängerübergang vor einem kirchlichen oder kommunalen Kindergarten, eine Geschwindigkeitsbegrenzung vor einem Altenheim und ähnliches beziehen. Obwohl ein solches Engagement keiner theologischen Legitimation bedarf und deshalb auch nicht mit theologischen Argumenten garniert werden sollte, halte ich es für erlaubt und sinnvoll, kirchliche Briefköpfe und Berufstitel dabei zu verwenden und so den Kredit in Anspruch zu nehmen, den die Kirche vielleicht bei der Stadtverwaltung genießt. Daß es sich bei möglichen Gegnern um Leute handelt, die im Zweifelsfalle vermutlich auch Glieder dieser Kirche sind, ist zu bedenken und mag vor Verteufelungen bewahren. Es kann nicht hindern, für wichtige Ziele eindeutig einzutreten.

Da es mir hier nicht darum geht, zu allen denkbaren, die Sicherheit betreffenden Faktoren Stellung zu nehmen, sondern ich danach suche, welchen Beitrag Theologie leisten kann, will ich der Frage nach möglichen und wichtigen Einzelmaßnahmen noch nicht weiter nachgehen.

Daß die Reduzierung des KFZ-Verkehrs in kleinen und großen Städten die Sicherheit erhöhen würde, ist nicht zweifelhaft. Dennoch fordere ich sie hier nicht im Interesse der Sicherheit, sondern wünsche sie mir, damit die eben beschriebene Quälerei aufhört. Ich sage hier auch nicht, daß in eventuellen Interessenkonflikten, z.B. zwischen Kaufleuten einerseits und lärm- und abgasbelästigten und gefährdeten Anwohnern andererseits, Sicherheit und Gesundheit Vorrang haben müssen. Vielmehr gehe ich davon aus, daß in ruhigen Straßen auch das Kaufen mehr Spaß macht und also den Kaufleuten mehr Geld bringt. Den Kaufleuten geht es ja wie den Autofahrern: Ich habe zwar schon von zahlreichen Protesten gehört und auch in meiner Heimatstadt Proteste erlebt, als die Einrichtung einer Fußgängerzone beschlossen wurde. Ich habe aber weder von Einwohnern noch von Besuchern, weder von Geschäftsleuten noch von Kunden Klagen gehört, nachdem sie eingerichtet worden war. Von Interessenkonflikten kann also keine Rede sein bei einer Lösung, die allen Beteiligten Freude macht, und ich wünsche mir diese Lösung in genau dem Maße, wie sie dem Wohlbefinden und der Freude aller dient.

Im übrigen hoffe ich, daß die beiden vorangehenden Kapitel gezeigt haben, daß ich Freude am Auto und am Fahren habe, daß also nicht generelle Skepsis oder Feindseligkeit gegen das Auto oder die Technik dahintersteckt, wenn ich hier für eine energische Einschränkung des Fahrens eintrete. Beim Gedankenaustausch über dieses Thema meinte ein Bekannter, da wären Zusammenhänge zum Thema »Reisen und Rasen«. Die eher draußen Rasenden wären auch die, die alle Anstrengungen unternehmen, innerhalb der Stadt ans Ziel zu kommen. Die Reisenden ließen es viel eher mal draußen stehen. Ich kann das nicht überprüfen und gebe es zu bedenken mit der These: Die Freude am Fahren und die Freude, auf Schienen oder Schuhsohlen umzusteigen, ist dieselbe.

Ein Letztes: Mich überzeugte auch nicht, falls jemand sagen sollte, man könne vor der Innenstadt parken, wenn man gelegentlich käme, zum Einkaufen oder zum Bummeln, aber nicht, wenn man da täglich ins Büro muß. Quälerei und Selbstbetrug werden nicht dadurch rational, daß man sie regelmäßig und/oder professionell betreibt.

Was kann man tun, wenn Menschen sich destruktiv verhalten, unzweckmäßig und selbstquälerisch? Im allgemeinen sind uns drei Strategien zur Hand: Man kann aufklären und alternative Angebote machen. Man kann gesetzliche Verbote erlassen. Man kann Therapie anbieten.

Aufklärung und alternative Angebote bewähren sich auch in unserem Falle, aber nicht im wünschenswerten Maße. Öffentliche Verkehrsmittel und PR-Systeme sind gut, führen aber längst noch nicht zur wirklichen Entlastung der Städte[29].

Verbote funktionieren, weil sie hier das Angenehme automatisch mitliefern: Fußgängerzonen. Aber darauf will ich hier nicht unbedingt hinaus: Zwar begrüße ich es, wenn Kommunen um ihrer Bürger und Kaufleute willen solche Zonen einrichten. Aber es macht sich schlecht, sie zu fordern, um mich von meinem Tick zu befreien. Bleiben also Seelsorge oder Therapie.

Was hindert mich daran, zu tun, was ich für richtig halte? Was motiviert mich und viele andere, Unsinniges zu tun, in die Stadt hinein zu fahren, auch wenn das aller Wahrscheinlichkeit nach keine Zeit sparen und Mühe machen wird? Eine Lust? Von Freude am Fahren kann ja keine Rede sein, jedenfalls nicht bei mir. Ich pflege bei einer solchen Fahrt auch nie zu

29 Vielleicht sollte man dem einen ansprechenderen Namen geben. Wer weiß denn, was »PR« meint? Im Englischen ist »park and ride« verständlich, der Sprache angemessen. Aber deutsch »Parken und Reisen« trifft's ja nicht. Ich »reise« in die Ferne, aber nicht von der Goethestraße zum Schillerplatz.

singen[30]. Auch auf Landstraßen und Autobahnen gibt es manche Mühsal, aber immer ist irgendwie noch Spaß dabei, falls es nicht ganz dick kommt und unvorhergesehen, als Stau oder schlimmes Wetter. In der Stadt ist nicht selten nur noch Groll gegen die Autos, gegen die ganze Zivilisation und gegen mich selbst. Aber irgend eine Lust muß es doch sein und nicht nur Quälerei, sonst würde sich das Gewühle wohl auch nicht in so erstaunlicher Ruhe vollziehen. Wäre es nur Zorn, gäbe es viel mehr Nervosität und Aggressivität und mehr Unfälle. Auf den Landstraßen gibt es jedenfalls viel mehr aggressive Kolonnenspringer.

Wie heißt des Rätsels Lösung?

Wenn ich mich selbst zum Klienten meiner Seelsorge mache, fallen mir drei Motive ein, in der Überschrift schon benannt mit den Worten Glückskind, Pfadfinder, Demokrat.

Glückskind

Neulich hatte es tatsächlich geklappt: Ein gebührenfreier Parkplatz vor der angestrebten Tür. Nicht beim vorigen Mal, wie gesagt, sondern beim vorvorigen, aber immerhin. Das wurde nun freilich nicht nur erlebt als ein Glücksfall, der beweist, daß eine zwar unwahrscheinliche, aber doch reelle Chance immer noch besteht, und man es also versuchen kann. Damit verbunden sind mindestens zwei Erlebniselemente.

Erstens werden gegebenenfalls, z.B. wenn man nicht mehr ganz jung ist, Erinnerungen geweckt an gute alte (Heils-)Zeiten: Früher, vor zwei oder zehn Jahren, »schon immer« also gab es ja genügend freie Plätze. Solche Erinnerungen mobilisieren den Widerstand, sich realistisch der Einsicht zu stellen, daß durch den Fort- bzw. Rückschritt auf 32 Millionen bundesrepublikanische Autos solche Chancen täglich schlechter werden.

Entscheidender noch für solch irrationales Handeln dürfte zweitens sein, daß solches Glück nicht nur als beliebiger Zufall erlebt wird, der einem diesmal Zeit und Mühe erspart. Damit verbunden ist ein – vielleicht

30 Manchen Leuten macht derlei offenbar doch Spaß: In Mexiko habe ich beobachtet, wie in mittelgroßen Städten junge Leute Abend für Abend mit ihren Autos um den großen zentralen Platz Runde um Runde drehen, in diesem Chaos höchstens ein Drittel des Schrittempos erreichend. Ein Volk, dem das Auto noch ein neues Spielzeug ist? (vgl. unten das Motiv »Demokrat«).

kleines, klammheimliches – Glücks- und Triumphgefühl, das mein Selbstwertgefühl und meine Identität berührt. Nicht: Ich *habe* Glück gehabt! Sondern: Ich *bin* ein Glückskind, das Schicksal – oder sollte es doch einen Gott geben? – meint es offenbar gut mit mir. Damit tritt aber nun eine paradoxe Wirkung ein. Denn je statistisch unwahrscheinlicher diese Erfahrung ist, um so schwerer wiegt sie, und um so stärker wird der Wunsch, eine erneute Bestätigung dieser Gunst zu erlangen. Damit sind wir wieder bei der religiösen Dimension derartiger Erlebnisse. Hier liegen nicht nur Parallelen zur psychischen Struktur der Spieler auf der Hand, über die später noch nachzudenken ist. Bei einer theologischen Reflexion bin ich zunächst eher an der Struktur solchen Glaubens interessiert. Ist nicht jeder naive Wunderglaube ein Glaube gegen die Statistik? Und ist er wirklich immer naiv? Auch dem reifen Glaube eines aufgeklärten Menschen ist jedenfalls nicht an Statistik gelegen. Am interessantesten finde ich, wie strukturell vergleichbar biblische und außerbiblische Legenden und Geschichten von der Erwählung bestimmter Menschen an bestimmten Orten erzählen, die dann zu immer wieder aufgesuchten Heiligtümern wurden.

Um behutsam nachzudenken und nicht zu übertreiben, bleibe ich beim Symbol »Glückskind« und spreche nicht vom Erwählungsglauben, als welcher derlei ja kaum erlebt wird. Es sind eher Spuren solchen Glaubens in säkularisierter und trivialisierter, aber damit keineswegs weniger wirksamer Form. Ob hier die Dimension der Religion und des Glaubens berührt ist, entscheidet sich keineswegs daran, ob hier – z.B. im Stoßgebet – ausdrücklich an Gott gedacht wird, oder »nur« von Schicksal oder Glück die Rede ist, ob es überhaupt Sprache findet. Es entscheidet sich auch nicht daran, daß eine tiefgehende, umfassende, das ganze Leben spürbar prägende Erfahrung gemacht wird. Es mag eine augenblickliche, flüchtige, halbbewußte Erfahrung sein, aber sie betrifft mich als ganzen Menschen, berührt mein Wertgefühl und meine Identität. Auch ein Gemeindeausflug, z.B. nach Altötting, ist gewöhnlich eine Mischung zwischen Wallfahrt und Kaffeefahrt und darf es sein. Dabei sucht der eine Gott in tiefer Meditation, der andere im Devotionalienladen. Wer will da Richter sein? Im Zusammenhang der Überlegungen hier ist nicht so wichtig, daß es sich um säkularisierte Religiosität handelt, sondern daß es Religion in pervertierter, nämlich manipulativer Gestalt ist. Doch davon später.

Zunächst noch ein Blick auf die religionsgeschichtlichen Parallelen, wie sie sich in unzähligen Geschichten finden. Menschen erinnern sich, und Überlieferung hält die Erinnerung wach an Zeiten, in denen es häufiger gab, was jetzt seltener geworden ist oder fast ganz verschwunden: Wunder. Gott oder die Götter besuchten die Menschen öfter: beim Auszug aus Ägypten, am Jabbok, in Bethel, ebenso in Lourdes oder in St. NN. Ich denke, daß solches Sich-erinnern an wunderträchtigere Heilszeiten nicht nur mit der uns nicht recht befriedigenden modernen naturwissenschaftlichen Aufklärung zusammenhängt. Auch zu Jesajas' oder Lukas' je gegenwärtigen Zeiten geschahen ja »Wunder« nicht alltäglich.

Gleichzeitig erzählt diese Überlieferung, daß damals etwas geschah, was zwar zu jenen Zeiten immer möglich, aber nun eben doch aktuell etwas Besonders, Wunderbares war: eine Heilung, die Errettung vor Feinden, Nahrung und Wasser in der Wüste, damit die Erwählung eines Heiligen und eines heiligen Ortes, an dem nicht selten ein Heiligtum errichtet wird. Zu diesem Heiligtum kehren die Menschen zurück Jahr um Jahr, der Banalität oder der Drangsal ihres alltäglichen Lebens zu entfliehen und am Heil zu partizipieren. Daß das Wunder sich dort selten wiederholt, hält sie nicht ab, die Mühe der Wallfahrt auf sich zu nehmen. Gelegentlich geschieht das Wunder sogar, und keine dies als zufällig oder ganz natürlich oder psychosomatisch erklärlich definierende Aufklärung vermag zu hindern, darin eben gnädige Erwählung zu sehen.

Die Suche nach dem Parkplatz als Wallfahrt mit Kasteiungen, um einen erneuten Erweis dafür zu erlangen, daß das Schicksal mir gnädig ist? Nur in Spuren selbstverständlich. Aber die sind sichtbar und sind vielleicht sehr wirksam. Und sollte das stimmen, so erwiese sich ein weiteres Mal, daß wir es, wie fast überall im Straßenverkehr, mit Erscheinungen zu tun haben, denen nicht nur mit Aufklärung, Moral und Gesetzen beizukommen ist, und daß es also um eine reife Spiritualität gehen muß. Wenn es sich hier um eine pervertierte, zu irrationalem Handeln verführende Religiosität handelt, heißt die theologische Frage, wo denn sonst sich bestätigend zeigt, was die Überlieferung erzählt und wonach die Seele vielleicht sowieso verlangt: daß Gott uns erwählt hat.[31]

31 Übrigens will das »Glückskind« sein Glück oft nicht nur allein genießen, sondern es – und damit sich – den anderen vorzeigen. Vgl. die Gestalt des Gustav Gans in Walt Dis-

Der Pfadfinder ist mit dem Glückskind nicht zu verwechseln. Denn er sucht nicht das unwahrscheinliche Glück. Er will seinem Weggefährten und sich beweisen: Auf mich können wir beide uns verlassen. Und je schwieriger der Weg zu finden ist, um so reizvoller ist er für ihn. Auch dem Reisenden gleicht er nicht, obwohl auch er Sinn für Abenteuer hat und der Weg ihm so wichtig ist wie das Ziel. Aber nicht Beobachtungen und Begegnungen erfüllen ihn, sondern die Gewißheit, sich zurechtzufinden, wider die Angst, sich zu verirren.

Im Urwald wie im Dschungel der Großstadt gibt es zwei Varianten: »Ich finde mich überall zurecht, auch im fremden Terrain« und »Hier kenne ich mich aus, das ist mein Revier«.

»Ich finde mich überall zurecht«, denn ich kann Karten lesen, und natürlich werde ich auch in der fremden Großstadt das Hotel oder den Konferenzort alleine finden. Es stört und kränkt mich, wenn meine Frau z.B. als Beifahrerin meint, wir sollten lieber an einer Tankstelle halten und den Weg erfragen oder Passanten um Auskunft bitten. Vor der Stadt zu parken wäre vollends das Eingeständnis von Unfähigkeit. Da ich wirklich im Umgang mit Karten nicht ungeübt bin und vor Stadtverkehr keine Angst habe, erreichen wir meistens auch das Ziel, mühevoller zwar und zeitaufwendiger als geplant, aber immerhin: Es war zu schaffen, und ich habe es geschafft. Manchmal freilich finden wir uns zwischendurch in einem ganz falschen Stadtteil – »Können diese Idioten denn keine verständliche Ausschilderung vornehmen?« – und kommen dann zu spät.

Suchen wir nicht auch sonst im Leben gelegentlich Ziele, wo sie nicht zu finden sind? Und kommen zu spät dahin, wo etwas zu holen gewesen wäre?

»Hier kenne ich mich aus«, weiß alle Schleichwege und auch die weniger bekannten Parkplätze. Denn hier bin ich zu Hause. Und falls da wirklich mal, aus welchen merkwürdigen Gründen immer, alle Stellplätze besetzt sein sollten: Keine Sorge, ich weiß einen Ausweg, gleich nebenan.

neys »Donald Dug«. Gustav stolpert als tumber Geselle durchs Leben. Aber er stolpert eben z.B. über eine Brieftasche. Er hat die Neigung, das Donald Dug zu zeigen, der immer ein wenig im Schatten bleibt und seinerseits das Glück nie richtig erreicht. Gustav genießt die Mischung aus Bewunderung und Haß, die andere ihm entgegenbringen.

Natürlich führt solcher Heimvorteil nicht selten zum Erfolg. Nur leider bin nicht nur ich ein verläßlicher Pfadfinder. Und sollte ich der beste sein, andere sind auch gut, sind vielleicht früher aufgestanden und blockieren nun meinen (!) Parkplatz oder haben inzwischen meinen Schleich(!)weg in so großer Zahl entdeckt, daß da ein Stau entsteht. Mag sein auch, daß ich mich doch einmal verirre, weil z.B. die Stadtverwaltung beschlossen hat, den vertrauten Weg für den Durchgangsverkehr zu sperren. Worauf ist noch Verlaß? Und wenn ich mich anderweitig im Leben aller Lebenserfahrung und Lebenstüchtigkeit zum Trotz in Einbahnstraßen und Sackgassen verirre, wenn Staus und Gedränge entstehen, wo ich bisher immer einen einigermaßen verläßlichen Weg gefunden habe, wenn keine Plätze sich mehr finden lassen zum Ausruhen und Verweilen: Darf das denn wahr sein?

Suchen – Umherirren – Finden oder Verlieren: In unzähligen Varianten wissen Märchen und Sagen davon zu berichten. Nur wenige Beispiele für viele:

Hänsel und Gretel verirren sich im Wald, obwohl sie es so klug angestellt hatten. Vögel fressen die Wegmarken. Man kann eben nicht an alles denken.

Hindernisse blockieren den Weg: Drachen, Dornenhecken, Feuerflammen. Man muß sich bewähren, um ein geheimnisvolles Ziel zu finden. Durch Heldentum, wie Jason und die Argonauten auf der Suche nach dem Goldenen Vlies. Oder durch Reinheit und Tugendhaftigkeit, wie Parzival, der den Gral findet und wieder verliert, Demütigungen erleiden und Proben bestehen muß, bis er wieder zu ihm berufen wird.

Polyphem und Circe neben vielem anderen gefährden Odysseus auf seiner Irrfahrt heim nach Ithaka. Zweimal kam er der Heimat nahe, ». . . als wir schon um Maleia lenkten, da warf uns plötzlich die Flut und der Strom und der Nordwind fern von Kythere« (9,80f). Später dann, ». . . in der zehnten Nacht erschien uns das heimische Ufer, daß wir schon in der Nähe die Feuerwachen erblickten« (10,29f). Aber durch törichte Habsucht verursachten die Begleiter einen Sturm, der sie wieder aufs Meer trieb.[32]

Vergleichbar die Erzählungen von Seefahrern, die Brendans Insel such-

32 Homer, Odyssee, übertragen von Anton Weiher, München, 7. Aufl. 1982.

ten. Die Suche nach dem Garten Eden ist Thema vieler mittelalterlicher Legenden. Es hieß von ihm, daß man ihn finden, wegen der Cheruben aber nicht betreten könne. So wird auch von dem irischen Mönch Brendan (6. Jh.) berichtet, daß er aufbrach, ihn auf der Insel der Seligen zu suchen. Nach abenteuerlicher Seefahrt fand er ihn, verweilte und kehrte zurück. Viele Seefahrer suchten seither nach seiner Insel, wurden ihrer auch ansichtig; aber als sie sich näherten, verschwand sie im Meer.

Dem Autofahrer erscheint es wohl ähnlich vermaledeit, wenn er nach mühseliger Irrfahrt in einer fremden Stadt endlich sein Ziel vor Augen sieht, nur noch 300 Meter entfernt, aber leider am Ende einer ihm entgegen laufenden Einbahnstraße. So muß er also wieder abbiegen und riskieren, sich erneut in Altstadtgassen oder Neustadtautobahnen zu verirren.

Dieses Erlebnis ist trivial gegenüber denen des Odysseus und der Nachfahren Brendans, aber häufiger. Die Erfahrungen der Nachfahren sind eben meistens trivialer als die von den Vorfahren legendär erzählten, zumal die herbeimanipulierten Erfüllungen des Süchtigen. Und eben weil er dies nicht wahrhaben will, versucht er es immer wieder. Frei nach Watzlawick: »Mehr desselben« statt »heraus aus dem System«.[33] Ich werde darauf zurückkommen.

Demokrat

Schließlich gilt es, die endlich erreichte Demokratisierung früherer Privilegien zu verteidigen. Denn was ich jetzt kann, können die feudalen oder großbürgerlichen Damen und Herren schon lange: Damen und Herren fuhren oder ritten. Nur lustwandelnd gingen sie zu Fuß, nicht aber, wenn sie in Geschäften unterwegs waren und mit Zielen. Knechte und Mägde gingen zu Fuß, arme Leute und Gepäckträger[34].

33 Paul Watzlawick / John H. Weakland / Richard Fisch, Lösungen, Bern/Stuttgart/Wien 1974.

34 Hier zeigt sich, nebenbei bemerkt, ein rationaler Grund für den Wunsch nach einem Parkplatz in der Nähe des Zieles. Wer von auswärts in die Stadt kommt, hat nicht selten schwer zu tragen, Aktenmappen hinein oder Einkäufe hinaus, und es ist nicht nur ehrenrührig, sein eigener Gepäckträger zu sein, sondern mitunter sehr unbequem. Aber erstens erweist sich das ohnehin als unvermeidlich, wenn – wie wahrscheinlich – in der Nähe eben kein Platz zu finden ist. Zweitens wäre hier unschwer Abhilfe zu schaffen. Ein Trolleyverkehr, der die Waren zu den innerstädtischen Parkgebühren entsprechen-

Diese Verteidigung eines Rechtes, das früher einer kleinen Oberschicht als Privileg vorbehalten war, ist keineswegs einfach albern, so sehr wir auch schnell zu lächeln bereit sind, wenn es um Statussymbole geht. Aus zahllosen Romanen und Filmen kennen wir, wie Direktor X und Baronin von Y vorfahren und wie die Portiers vor Landhäusern, Büros, Hotels und Regierungssitzen Wagenschlag oder Autotür öffnen. Kann es da überraschen, wenn nun auch wir vorfahren wollen, auch wenn sich bei Karstadt kein livrierter Diener für unseren Wagen interessiert wie an der Tür von Tiffanies? Und warum auch nicht? Ich könnte es, es ist nicht verboten, es wäre keine vermessene Hybris: Wenn unser eben nicht so schrecklich viele wären.

Eben das ist es. Nicht das Auto ist das Problem, nicht Straße und Wetter, nicht die Stadt. Nur die Masse der Autos und also die Demokratisierung. Und wer könnte etwas gegen Demokratisierung haben? Sie aber macht das ehemalige Privileg zum Moloch. Dem also gilt mein Groll als Fahrer im Gewühle des Stadtverkehrs und beim Suchen nach den lächerlichen 3 Meter Abstellfläche: vermeintlich der Zivilisation, in Wahrheit aber diesem ihr inhärenten Gesetz.

Wen kann ich dafür verantwortlich machen? Den Kapitalismus? Für *diesen* Betrug ja wohl kaum. Den Sozialismus? Er hat dieses Problem in seinen meisten Städten erst noch vor sich. Die Hybris in meiner Seele? Das wäre billig angesichts dieses kleinen Rechts. Hätte ich nicht soviel Skrupel als Theologe, würde ich sagen: Wie kann Gott das zulassen?! Viele fragen so bei geringeren Anlässen, und als Seelsorger bin ich geneigt, diese Mischung aus Klage und Frage nicht einfach abzuspeisen mit der Auskunft, daß es auf irrationale Fragen keine rationale Antwort gibt. Und da uns zwar kein Himmel auf Erden verheißen, wohl aber Gleichberechtigung angesagt ist, will ich mich auch nicht leicht damit abfinden, wenn sich als Gesetz unserer Geschichte erweisen sollte, daß die Demokratisierung von Privilegien eben diese zum Moloch macht.

Soviel zu den Motiven »Glückskind«, »Pfadfinder« und »Demokrat« als Hintergrund für das irrationale Bestehen auf dem »eigenen« Parkplatz mitten in der City. Will man über diese Motive theologisch weiter nach-

den Preisen am Parkplatz vor der Stadt abliefert, könnte wohl von den Kaufhäusern eingerichtet werden. Es wäre sicher nicht teurer als der Bau weiterer Parkhäuser.

denken, und soll das für Verkündigung und Seelsorge bedeutsam werden, so wird man sich dabei vor Dramatisierung ebenso hüten müssen wie vor Verharmlosung. Selbstverständlich wäre es eine unangemessene Dramatisierung, wollte man die Enttäuschung des »Glückskindes«, die Frustration des »Pfadfinders« und den Groll des »Demokraten« im Zusammenhang von Geschichtsphilosophie und Theodizee abhandeln. Denn was immer uns dabei in der Seele bewegen mag, es geht schlicht nur um einen Parkplatz. Umgekehrt wäre es eine unangemessene Verharmlosung anzunehmen, es ginge nur um eine private Kleinigkeit. Denn erstens wird das mühsame und unfallträchtige innerstädtische Gewühle von vielen Menschen täglich erlitten, und eine höhere Bereitschaft, das Auto vor der Stadt abzustellen, hätte erhebliche Folgen für die Finanzen und die Bauplanung der Kommunen. Zweitens geht es offenbar doch um mehr als nur den Parkplatz, und das Selbstwertgefühl ist in einer Weise tangiert, daß Frustrationen und alternative Angebote – z.B. öffentliche Verkehrsmittel – uns nicht ohne weiteres zur Änderung unseres Verhaltens bewegen. Ich habe zu zeigen versucht, wie auch hier rudimentär, säkularisiert, halbbewußt und sicher allermeistens uneingestanden religiöse Elemente im Spiel sind. Dabei handelt es sich um Spuren pervertierter Religiosität, worauf gleich zurückzukommen ist.

Zunächst sei darauf hingewiesen, daß sich die Struktur der Argumentation dieses Kapitels von der des vorangehenden Kapitels unterscheidet. Das Ziel ist hier viel klarer definiert: Es geht um die Erhöhung der Sicherheit innerhalb der Ortschaften durch die Erhöhung der Bereitschaft, das Auto draußen stehen zu lassen. Freilich kann auch hier die Sicherheit kaum ein überzeugendes Motiv sein. Überzeugen kann wohl viel eher das alternative Erleben der Stadt, ihrer Straßen, Plätze, Menschen, Geschäfte usw., ähnlich wie bei der Alternative »Rasen oder Reisen«. Wir haben es hier mit einem Paradox zu tun: Die Argumentation ist zweckrational, intendiert eine eindeutig zu beschreibende Verhaltensänderung. Andererseits darf die Argumentation so zweckrational nicht sein, will sie nicht als manipulativer Moralismus scheitern. Einerseits liegt hier die Versuchung zu zweckrationalem Moralisieren viel näher als z.B. beim Thema »Rasen und Reisen«. Man kann viel eindeutiger sagen, »Park and Ride« ist sicherer, als man sagen kann, Reisen sei sicherer als Rasen. Andererseits ist diese Logik nicht überzeugend, weil sie im Unglücksfall auch nicht stimmt:

Ein Unfall auf der Landstraße ist möglicherweise eindeutig mitverursacht durch zu hohe Geschwindigkeit. Nach einem Unfall in der Stadt mag sich auch einer sagen: »Hätte ich doch das Auto gleich im ersten Parkhaus gelassen!« Viele rationale und irrationale Gedanken gehen einem ja nach der Karambolage durch den Kopf. Ein solcher Gedanke ist aber nicht logischer – und für mein zukünftiges Verhalten nicht bestimmender als etwa die Klage: »Wäre ich nicht gerade noch vor dem Urlaub gesund geworden, läge das Auto jetzt nicht in Österreich im Graben.«

Ich weise auf diese Zusammenhänge hier so ausführlich hin, weil ich dem treu bleiben will, was ich schon in der Einleitung gesagt habe: Ich will über Verkehrssicherheit theologisch nachdenken und dabei ein theologisch falsches und praktisch ineffektives zweckrationales Moralisieren zu vermeiden suchen. Im Kapitel II hieß das: Für das Reisen werben, ohne das Rasen zu diskriminieren. Was aber heißt es hier, wo ich das verbissene Suchen nach dem Parkplatz zwar nicht für unmoralisch, wohl aber für meistens unzweckmäßig und für gefährlich halte?

Sehen wir uns die oben beschriebenen Motive noch einmal an, so darf man wohl feststellen: Sie verführen und betrügen uns. Sie verführen uns, bestärken uns jedenfalls, es immer wieder zu versuchen, ohne uns den unmittelbar und mittelbar erstrebten Zielen näher zu bringen. Es gibt eben nicht mehr genügend Parkplätze, wo ich sie suche, und selbst wenn ich schließlich einen finde, war der Zeitaufwand nicht selten unverhältnismäßig groß. Und die erstrebte Bestätigung als »Glückskind«, »Pfadfinder« und »Demokrat« ist demzufolge auch immer seltener zu haben. Dennoch sind die Motive gut und ehrenwert, keineswegs töricht, schon gar nicht moralisch verwerflich. Das »Glückskind« kann sich auf vielfache und ehrwürdige Erwählungstraditionen berufen, und im alltäglichen Glück mehr zu sehen als beliebigen Zufall, ist ein Thema des Glaubens. Der »Pfadfinder« steht für Erfahrung, Verläßlichkeit, Übersicht und Ausdauer auf den verschlungenen Wegen des Lebens. Der »Demokrat« steht für verheißene und zu erstrebende Gleichberechtigung. Die Motive selbst sind weder falsch noch schlecht. Aber sie bergen die Möglichkeit manipulativen Mißbrauchs in sich wie eine Droge. Wer versucht und sich angewöhnt, sich ihrer zu bedienen und sie zur Erlangung des Selbstwertgefühls zu benutzen, erliegt ihrer Verführung. In diesem Sinne spreche ich hier von nicht nur rudimentärer und säkularisierter, sondern von pervertierter Religiosität.

Sie ist vergleichbar den mancherlei Formen pervertierten Glaubens, in denen man meint, durch fromme Praktiken das Heil herbeizwingen zu können.

Der suchtähnlichen Struktur unseres Verhaltens und Erlebens in diesem Bereich des Straßenverkehrs versuche ich mit der direktiveren Argumentation in diesem Kapitel zu begegnen. Auch der Therapeut eines Alkoholikers z.B. hat es mit einer paradoxen Situation zu tun. Sein Klient hat nur eine Chance, wenn er die Aussichtslosigkeit und Destruktivität seines Verhaltens einsieht. Und durch eine konfrontierende Gesprächsführung kann ihm der Therapeut dazu ein wenig helfen. Die Einsicht in den Selbstbetrug mittels der Droge bewirkt selbst aber noch keine Heilung. Diese wird erst möglich, wenn es gelingt, dem Patienten andere Möglichkeiten zu zeigen, Selbstwert, Freiheit und Glück zu erleben. Diese aber können nur angeboten und erprobt werden, sie sind nicht verfügbar.

Die Therapie von Suchtkranken ist freilich außerordentlich schwierig, und die Rückfallquote ist bekanntlich entmutigend hoch. Wie groß sind unsere Chancen, wenn wir es im Verkehr mit vergleichbaren Phänomenen zu tun haben? Zwei hoffnungsträchtige Beobachtungen: Erstens gelingt die Therapie Abhängiger erfahrungsgemäß am ehesten, wenn sie in gegenseitiger Hilfe unter Betroffenen geschieht und Therapeuten deshalb wissen, wovon sie reden und von Selbstgerechtigkeit ebenso frei sind wie von Leichtgläubigkeit. Diese Voraussetzung ist im Falle der »Sucht« nach dem Parkplatz gegeben. Zweitens handelt es sich hier nur um ein suchtähnliches Phänomen, sonst könnten Verbote nicht helfen: Verbietet man dem Alkoholiker den Alkohol, wird er Wege suchen und meistens finden, ihn auf illegale Weise zu besorgen. Ich habe aber noch nie davon gehört, daß der Entzug des so verführerischen innerstädtischen Labyrinths, z.B. durch die Einrichtung einer Fußgängerzone, zur Kriminalisierung der Autofahrerszene führt. Niemand versucht, heimlich bei Nacht doch hineinzufahren oder sich Sondergenehmigungen zu erschleichen. Diese »Krankheit« ist also heilbar.

Da wir es hier mit auch religiösen oder pseudoreligiösen Phänomenen zu tun haben, sei auf eine Analogie aus der biblischen Tradition hingewiesen. Viele biblische, besonders neutestamentliche Geschichten erzählen, wie zuerst neues Leben verheißungsvoll angeboten und damit die Abwendung vom alten Leben möglich wird. In anderen Geschichten erscheint die

Umkehr als Voraussetzung für den Empfang von Neuem. Die Ehebrecherin z.B. spricht Jesus frei, bevor dann von besserer Moral die Rede ist (Joh. 8), dem reichen Jüngling sagt er: »Verkaufe, was du hast, und gib es den Armen« (Matth. 19). Dabei handelt es sich nicht um gegensätzliche Verständnisse von Gnade und Buße, sondern um unterschiedliche seelsorgerliche Situationen[35].

Wie Erfahrungen aus der Therapie Abhängiger lehren, geht es im wesentlichen um drei Schritte:

1. Die Einsicht in die Aussichtslosigkeit des Verhaltens und der Versuche, sich daraus einfach durch Willensstärke zu befreien.
2. Das Angebot und die Annahme eines neuen, realistischen Glaubens und damit einer Möglichkeit, ohne Manipulation Identität zu finden.

35 Suchtähnliches Verhalten findet sich vermutlich auch in anderen Bereichen des Straßenverkehrs. Die hier auf den Stadtverkehr konzentrierten Überlegungen wären entsprechend zu übertragen.
Leitfragen, die auf die Spur helfen können: Wo finde ich in meiner Praxis Verhaltensweisen, die an sich weder dumm noch verwerflich sind, hier aber einen Einsatz fordern, der zum voraussehbaren Ergebnis in keiner sinnvollen Beziehung steht? Wo ist das Ergebnis spürbar negativ, selbstzerstörerisch, falls das Glück nicht eintritt? Was zu lassen habe ich mir wiederholt vorgenommen – und tue es trotzdem, wobei mir nicht erst während der Unternehmung, sondern schon beim Entschluß zu ihr wohlfeile Verharmlosungen, Rationalisierungen, Verleugnungen einfallen? Wann rede ich von plausiblen Zwecken, wo es doch um mein Selbstwertgefühl geht?
Ein paar Beispiele:
Mancher verfügt über mehr Urlaubstage, als er für die Ferienreise ausnutzt und riskiert am ersten oder letzten Schulferientag einen stundenlangen Stau an der Grenze.
Man meint, sich eine zweistündige Bahnfahrt nicht leisten zu können, wo das Auto 1 1/2 Stunden braucht – falls kein Stau eintritt, und sieht nicht, daß die zwei Bahnstunden gewonnene Zeit wären, ohne Telefonate und andere Lästigkeiten.
Man fährt mit 65 km/h durch das Dorf und mit 115 km/h über die Landstraße, ohne plausiblen Grund.
Manches Zubehör kostet in vielerlei Hinsicht mehr als es nutzt. Und so weiter: Invididuell unterschiedlich. Des einen harmlose Lust ist des andren gefährliche Sucht. Vor Verallgemeinerungen sollten wir uns hüten. Es geht um die Frage, wieviel unfallträchtiges Verhalten daraus resultiert, daß wir unsere verletzliche Ehre verteidigen.
Es geht, wohlgemerkt, um suchtähnliche Verhaltens- und Erlebnisweisen. Es geht nicht um Gefahren, die aus pathologischer Sucht, wie Alkoholismus oder Drogenabhängigkeit, für den Verkehr entstehen. Darüber wäre gesondert zu reden.

3. Die Bewährung dieses Glaubens durch ernsthafte Lebenspraxis und gute Erfahrungen.[36]

Läßt sich daraus etwas lernen für unser Verhalten im Verkehr, speziell für das hier als Beispiel verhandelte irrationale Ringen um Wege und Parkplätze in Städten? Versuchen wir es!

Eine biblische Geschichte:
»... Die Frau spricht zu Jesus: Herr, ich sehe, daß du ein Prophet bist. Unsere Väter haben auf diesem Berg angebetet, und ihr sagt, zu Jerusalem sei die Stätte, da man anbeten solle. Jesus spricht zu ihr: Glaube mir, es kommt die Zeit, daß ihr weder auf diesem Berge noch zu Jerusalem den Vater anbeten werdet. ... Es kommt die Zeit und ist schon jetzt, daß die wahrhaftigen Anbeter den Vater anbeten werden im Geist und in der Wahrheit« (Joh. 4).

Natürlich dürfte diese oder eine ähnliche Geschichte, irgendwo ohne Zusammenhang oder in anderem Zusammenhang gehört, kaum unmittelbar einen Bezug gewinnen zu unserem törichten Versuch, heute ein gütiges Zeichen des Schicksals da zu finden, wo vorvorgestern ein freier Parkplatz war. Als allgemeiner Lehrsatz hätte die Auskunft Jesu wohl auch dieser Frau wenig bedeutet. Der zweite Schritt käme hier vor dem ersten. Aber die Frau sah offenbar ein Problem, war unsicher geworden, ob der Garizim oder der Zionsberg der Ort der Anwesenheit Gottes wäre.

Und wie, wenn, z.B. im Gespräch in einem Gemeindekreis oder angeregt durch eine Predigt, die Leute sich schon einig wären über die Unsinnigkeit ihrer alltäglichen Fahrten in überfüllte Städte und auch etwas ahnten davon, daß dies etwas zu tun hat mit dem Wunsch, als »Glückskinder«

36 Vgl. Schritte 1–3 der »12 Schritte« der »Anonymen Alkoholiker«:
1. Schritt: Wir haben zugegeben, daß wir dem Alkohol gegenüber machtlos sind, daß wir unser Leben nicht mehr meistern konnten.
2. Schritt: Wir kamen zu dem Glauben, daß nur eine Kraft, die größer ist als wir selbst, uns unsre geistige Gesundheit wiedergeben kann.
3. Schritt: Wir faßten den Entschluß, unseren Willen und unser Leben der Sorge Gottes, was immer wir darunter verstanden, anzuvertrauen. (offizielle Übersetzung der »12 steps« aus AA, die 12 Schritte, hg. von A.A. World Services, New York 1954).

Bestätigung zu finden? Vielleicht kann dann die Geschichte die Torheit solcher Manipulation bestätigen und einen wahren Weg weisen. Dies wäre der zweite Schritt nach dem ersten.

Neue Erfahrungen würden dies bestätigen: Wer zu Fuß durch die Stadt geht, erlebt sie neu und anders. Nicht nur bei Sonne übrigens. Auch bei Regen lassen sich viele Beobachtungen machen, und man begegnet vielleicht dem einen oder anderen. Und selbstverständlich gilt das nicht nur für den Stadtbummel mit Muße. Auch der tägliche Weg zur Arbeit ist eben nicht jeden Tag derselbe. Vor allem: Ein Preis ist dafür ja gar nicht zu bezahlen, denn allzuoft war die Fahrerei nicht der Mühe wert. Häufig tauscht man nicht die freie Fahrt gegen den langen Marsch, sondern das Warten vor roten Ampeln gegen den Blick in die Schaufenster, nicht den günstigen Parkplatz gegen lästiges Schleppen, sondern vergebliches Suchen gegen die Begegnung mit Frau Y und Herrn X. Und die erstrebte Bestätigung als »Glückskind« und »Pfadfinder«? Auch in dieser Hinsicht nun statt der Frustration die Begegnung Gottes an jeder Ecke?

Vielleicht, wenn zur praktischen die meditative Einübung käme: Ich erinnere mich an ein Seminar zur homiletischen Fortbildung, in dem der Leiter uns die Aufgabe stellte, auf einen Spaziergang durch die Stadt ein biblisches Wort mitzunehmen: »Meine Kraft ist in den Schwachen mächtig« z.B., oder »Der Stein, den die Bauleute verworfen haben, ist zum Eckstein geworden«; »Herr, deine Güte reicht, soweit der Himmel ist« oder »Meine Wege sind nicht eure Wege ...«, oder den Predigttext für den nächsten Sonntag. Die Empfehlung war, durch ein solches Wort den Blick und das Gehör leiten zu lassen beim Gang durch die Straßen und umgekehrt die sinnlichen Eindrücke das Nachdenken über den Text. Es ging nicht darum, brauchbare Einfälle für eine Predigt zu sammeln, dazu war später Zeit. Einige Teilnehmer, die so »professionell« zweckrational an die Sache herangingen, entdeckten wenig Überraschendes. Die sich aber auf den Gang einließen als eine meditative Wahrnehmungsübung, entdeckten viel Neues im Stadtbild oder in den Gesichtern der Menschen, und längst Vertrautes zeigte ein ganz neues Gesicht. Zierrat an Hauswänden, Verhaltensweisen der Leute, abgestellte Gegenstände, vieles, an dem man sonst achtlos vorübergegangen war, trat in den Blick und gewann Bedeutung. Das biblische Wort und die Wirklichkeit des städtischen Lebens interpretierten sich wechselseitig: Der »Pfadfinder« erlebte eine abenteuerliche

Entdeckungsreise, sah Unerwartetes, auch Verwirrendes und wußte sich zu orientieren.

Wer oder was könnte uns hindern, in dieser Weise auch morgens den alltäglichen Weg zur Arbeitsstelle zurückzulegen. Dies wäre Praxis und Einübung im Sinne des oben angedeuteten dritten Schrittes.

Natürlich würde man nicht nur Schönes dabei suchen und finden. Neben der Spielfreude der Kinder würde man auch deren Unrast wahrnehmen, neben der Schönheit der Häuser auch deren Häßlichkeit, und manches Detail würde zwiespältig beglückende und erschreckende Assoziationen hervorrufen. Und in der Zwiespältigkeit und im wahrgenommenen Leiden würde sich auch die Rätselhaftigkeit Gottes spiegeln und das Angesicht des leidenden Gottes. Es geht nicht darum, eine Idylle zu suchen, sondern die Tiefe der Wirklichkeit wahrzunehmen und damit einzulösen, was die Motive »Glückskind« und »Pfadfinder« eigentlich intendieren.

Die Wahrnehmung solcher Tiefe würde freilich dazu beitragen, mit den Realitäten pfleglicher umzugehen. Auch dadurch würden unsere Städte nicht zur Idylle. Aber sie würden wohl verkehrssicherer und urbaner.

Damit ist das letzte Stichwort dieses Kapitels genannt: Urbanität. Sie könnte uns der realistischen Einlösung des mit dem Motiv »Demokrat« hier Gemeinten näher bringen: Partizipation am öffentlichen Leben mit seinen geselligen, politischen, ästhetischen und ethischen Aspekten. Zu einer überzeugenden Beschreibung solcher Urbanität bietet uns allerdings die Bibel wenig Anregungen. Die Stadt erscheint den biblischen Zeugen kaum als wohnlicher Ort, sondern mit Sodom, Babylon, Ninive und Rom als Ort der Gottes- und Menschenverachtung. Mag dies einfach daher kommen, daß Israel als Volk von Nomaden und eingewanderten Ackerbauern seinem Gott in der Wüste und am Jordan begegnet war und daß in den Städten feindliche Menschen mit ihren feindlichen Göttern wohnten. Mag sein auch, daß hier Sensibilität für die Zwiespältigkeit menschlicher Kultur ihren einseitigen Ausdruck findet. Wir haben es hier mit einem Phänomen zu tun, über das im Kapitel über die Technik noch ausführlicher zu reden sein wird.

In Jerusalem hat auch Israel seine und seines Gottes Stadt. Aber auch wo es um Jerusalem geht, ist kaum an Urbanität gedacht. Jerusalem als Symbol ist für die Bibel und die Kirchengeschichte nicht, was für die Geschichte des Abendlandes Athen ist. Athen steht für Baukunst und Skulpturen, Diskurs freier Geister und Politik freier Bürger. Jerusalem ist der Ort des Tempels, der Anbetung, der Hoffnung auf künftige Begegnungen Gottes. Und wo Jerusalem auch als Regierungssitz und Handelsplatz erscheint, finden die Propheten dazu wenig freundliche Worte.

Solche »christliche« Skepsis gegenüber der Stadt findet natürlich reichliche Bestätigung, wenn man in modernen Städten mehr Banken als Wohnungen findet, mehr Schnellstraßen als Parks, mehr käufliche Erotik als geselliges Spiel. Aber ganz abgesehen davon, daß solche Eindrücke klischeehaft einseitig sind: Eine solche in ängstlicher oder aggressiver Skepsis begründete Kulturkritik kann nichts beitragen zur Kultivierung. Im Gegenteil. Den Straßenverkehr betreffend führt das z.B. dazu, daß man sonntags lieber ins Grüne fährt als in die Stadt, in der deshalb wenig Leben zu finden ist. Und da man alltags die Stadt nicht meiden kann, führt das dazu, daß man um so verbissener den Kampf mit dem Moloch aufnimmt, der eben genau durch dieses aggressive Verhalten zu einem solchen wird. Was man nicht liebt, kann man nicht kultivieren.

Solche Skepsis gegenüber der städtischen Kultur ist freilich kein unvermeidlicher und wesentlicher Aspekt christlichen Glaubens, und auch in der Bibel finden sich andere Symbole. »Gott ist unsere Zuversicht und Stärke, . . . wenngleich die Welt unterginge und die Berge mitten ins Meer sinken. . . . Dennoch soll die Stadt Gottes fein lustig bleiben mit ihren Brünnlein, da die heiligen Wohnungen des Höchsten sind . . .« So singt der 46. Psalm immerhin von der Stadt als sicherer Zuflucht. Die Natur erscheint in höherem Maße bedroht, und die rettende Parole heißt also nicht »zurück zur Natur«! Und das himmlische Jerusalem in Offb. 21 ist als wohnlicher Ort für Gott und die Menschen vorgestellt.

Das biblische Symbol des Ursprungs ist der Garten, das Symbol des Ziels ist die Stadt. Daraus kann sicher keine Geschichtsphilosophie abgeleitet werden, als ginge der den Menschen gewiesene Weg eindeutig von der ländlichen zur städtischen Kultur, oder als sei es keinem, der sein Kinderparadies etwa in einer Stadt gefunden hatte, anzuraten, den Alterswohnsitz im Grünen zu wählen. Noch weniger aber läßt sich biblisch eine Haltung begründen, in der man Gott nur in der Natur zu finden meint und in den Städten nur Unmenschlichkeit und Gottlosigkeit. Mag Athen skeptisch bleiben gegen Jerusalem, in Jerusalem ist wohl Raum für die Urbanität Athens.

Zuviel des Aufwandes für ein so begrenztes Ziel, das sich zusammenfassen läßt in dem schlichten Satz »Park dein Auto vor der Stadt«? Nun, vermutlich haben viele Autofahrer sich diesen Satz schon ebenso häufig gesagt, wie ein Alkoholiker sich vorgenommen hat, von der Flasche zu lassen. Er vermag es nicht, es sei denn, er fände einen Gott, der ebenso attraktiv ist wie seine Droge und verläßlicher.

IV HOMO FABER – HOMO LUDENS – HOMO RELIGIOSUS

Von Sicherheit und Technik

Als Kind bin ich oft Lokomotive gewesen. Ich war auch Autofahrer, niemals aber Auto. Damit ist die Schwierigkeit angedeutet, zu deren Lösung ich in diesem Kapitel beitragen möchte.

Die Dampflokomotive – um diese handelte es sich selbstverständlich in meiner Kinderzeit – faszinierte uns wie das Auto. Beide beschäftigten unsere Phantasie. Die Lokomotive aber gestattete es, uns in ihre Dynamik und Mechanik einzufühlen. Sie lud uns geradezu ein, uns mit ihr zu identifizieren. Wir spielten »Eisenbahn« und waren dabei eben nicht nur Lokomotivführer, sondern Lokomotive: Kinder, die mit ihren Armen die Bewegung der Kolben simulierten und mit ihren Stimmen das Zischen und Pfeifen des Dampfes. Als wir, ein wenig älter, mit unseren Fahrrädern die Strecken zurücklegten – »Es hat Einfahrt der D-Zug aus Berlin« – waren eben die Beine die Kolben der Lok. Zur gleichen Zeit standen auf dem Hof des elterlichen Betriebes ein PKW und ein bejahrter LKW, durch Kriegsgesetz stillgelegt und also als Spielzeug verfügbar. So machten wir viele Traumreisen auch per Auto. Aber obwohl wir auch dabei mit unseren Stimmen das Motorgeräusch und das Quietschen der Bremsen simulierten, hantierten wir mit Lenkrad, Gas- und Bremshebel und verstanden uns demgemäß als Fahrer. Der Motor interessierte uns übrigens wenig. Zufall? Oder war durch elterliches Verbot tabuisiert, was unter der Haube war? Oder war er unseren kindlichen Verstehensmöglichkeiten unerreichbar? Ich erinnere mich nicht, es war kein Thema. Und als wir später mit unseren Fahrrädern Autorennen spielten, waren wir nicht Mercedes und Ferrari, sondern Rudolf Caracciola und Juan Manuel Fangio.

Dies also ist die Schwierigkeit: Wie die Lokomotive ist das Auto weit mehr als ein technisch beschreibbares Gerät. Beide beschäftigen unsere Gefühle und unsere Phantasie, beeinflussen Lebensführung und Lebenseinstellung. Anders als die Lokomotive fasziniert das Auto aber den durchschnittlichen Zeitgenossen weniger unmittelbar durch seine Technik, um so mehr freilich durch das, was man mit ihm und seiner Technik machen und sein kann. Dies hat wohl einen ganzen Komplex von Ursachen, die zum Teil in paradoxem Gegensatz zueinander stehen: In die Funktion der Dampflokomotive kann man sich hineindenken und hineinfühlen. Jeder kann sich vorstellen – und ja auch sehen – wie die Kraft des Dampfes einen Kolben langsam und schneller und noch schneller in Bewegung bringt. Dabei ist die Dampflok so groß und gewaltig, daß sie einerseits eine Mischung aus Attraktion und Furcht auslöst, andererseits ihre Handhabung für mich sowieso nicht in Frage kommt. Die Technik des Autos ist demgegenüber viel komplizierter, den Laien zum Teil kaum noch verständlich, jedenfalls nicht ohne weiteres der einfühlenden Phantasie zugänglich. Andererseits ist sie zu meiner Handhabung gemacht. Und so kompliziert und fremd ist sie ja nun auch wieder nicht. An die Stelle der Faszination tritt somit die müde Frage, ob es nicht doch ganz gut wäre, mehr von der Technik meines Fahrzeugs zu verstehen.

Technisch gesehen liegt das Auto irgendwo zwischen Wasserrad und Computer. Die Möglichkeiten es zu verstehen sind natürlich individuell unterschiedlich. Ich z.B. sehe mich in der Lage, einen Ottomotor schematisch zu zeichnen und Kindern zu erklären. Mit dem hydraulischen Bremssystem (Thema »Sicherheit«) hätte ich schon Schwierigkeiten. »Turbo« und »ABS« sind für mich Geheimnisträger. Ich weiß, was sie bewirken. Wie sie es tun, ahne ich nur. Hinzu kommt, daß das Einfühlungsvermögen noch andere Grenzen hat. In die Dampfmaschine kann ich mich einfühlen, obwohl ich sie nicht ohne weiteres zeichnen könnte. Den Ottomotor verstehe ich. Wie aber in ihm die nötigen Vorgänge – ansaugen, komprimieren, zünden usw. – sich pro Minute 3000 mal vollziehen, kann ich mir nicht vorstellen. Es überfordert das Fassungsvermögen meiner Phantasie. Andere Leute mit mehr technischer Sachkenntnis mögen auch für Phantasie und Einfühlungsvermögen einen größeren Spielraum haben. Aber auch sie werden ihre Grenzen finden. In modernen Autos gibt es wichtige Teile, die auch ein Kfz-Meister vermutlich im Detail nicht mehr versteht. Er vermag also nur noch, sie nötigenfalls auszubauen und zu ersetzen.

Dementsprechend kann jemand, seine soziale Situation beschreibend, durchaus sagen, er komme sich vor »wie eine Lokomotive«. Sportler bezeichnet man gelegentlich so. Aber niemand kommt sich vor »wie ein Auto«, wohl indessen »wie ein Rennfahrer« oder »wie auf einer Talfahrt«.

Damit ist unser Dilemma umschrieben: Wir alle gehen täglich mit Technik um. Sie selbst aber bleibt uns weitgehend fremd, zum wirklichen Erlebnis werden oft nur ihre erwünschten oder unerwünschten Folgen. Wie aber kann man einfühlsam und angemessen mit etwas Fremdem umgehen? Ich versuche, einen theologischen Beitrag zur Verkehrssicherheit zu leisten, und muß also die Technik als wichtigen Faktor mitbedenken. Wie aber kann ich über etwas reden, das sich weitgehend meinem Verstehen und noch weitergehend meinem Einfühlungsvermögen entzieht? Und: Kann der Theologe, der nicht viel von Technik versteht, denn verstehen, was im Techniker vorgeht?

Natürlich könnte ich von außen an die Sache herangehen nach dem Motto: »Technik – Segen oder Fluch?« Mit der Umwandlung dieser Alternative in eine Ambivalenz, gedeihliche gegen zerstörerische Folgen abwägend, käme ich der Realität ein bißchen näher. Aber bezüglich der Sicherheit gelangte ich wohl nur zu der »Erkenntnis«, daß ABS der Sicherheit eher dient als PS. Das weiß sowieso jeder. Und wer es – als Ingenieur, Händler oder Käufer – bisher nicht glaubt, wird sich kaum beeindrucken lassen, wenn ich hinzufüge, daß ich diese Einsicht im Interesse der Sozialität oder Würde des Menschen oder der Menschenliebe Gottes vortrage. Auch eine Differenzierung hilft wenig. Man mag Werte wie Sicherheit, Zeitgewinn, Wirtschaftlichkeit usw. in Beziehung zueinander setzen. Dadurch würde die Argumentation komplizierter, aber nicht tiefsinniger, sie würde möglicherweise realistischer, aber damit noch nicht theologisch.

Ähnliche Überlegungen finden sich in einem Aufsatz von Heinz Eduard Tödt[37]. Ich folge auch seinem weiteren Gedankengang, daß die Diskussion sich nicht führen läßt, »ohne daß man über Technik im bloß instrumentalen Sinn hinausgeht und Philosophie der Technik treibt«. Allzu schnell kommt Tödt freilich doch wieder zu einer instrumentalen Betrachtung, wenn er Technik als »Herstellung und Anwendung von Mitteln« definiert und im Blick auf ihre Wirkung auf die sich den Menschen immer wieder aufdrängende Frage kommt: »Die Geister, die ich rief, kann ich sie nun

37 H. E. Tödt, Die Ambivalenz des technischen Fortschritts als Thema christlicher Ethik, Zeitschrift für Evangelische Ethik 25, 1981, S. 18ff.

auch leiten?« Selbstverständlich müssen wir uns diese Frage stellen. Aber sie kommt mir zu früh.

Ich habe die Reisenden und Rasenden nicht von außen betrachtet, als sei ich als Theologe nicht selbst reisend und rasend. So will ich auch an die Technik nicht von außen herangehen, sondern versuchen mich einzulassen, den genannten Schwierigkeiten zum Trotz. Ich will über die Technik nicht als Betrachter nachdenken, sondern als Benutzer. Nein, auch nicht nur als Benutzer, sondern eben als Techniker, wenn schon nicht als Experte, dann wenigstens als Bastler. In diesem Sinne eine These: Im Kontext dieses Kapitels muß ein theologischer Beitrag zur Verkehrssicherheit ein theologisches Nachdenken sein, das unseren Sinn für die Technik selbst erweitert, nicht nur für deren Folgen.

Zunächst eine erfreuliche Feststellung: Unsere Autos sind nicht nur schneller, sondern auch sicherer geworden. Mag sein, daß in den ersten Jahrzehnten die Schere zwischen fortschreitender Kraftentfaltung und Sicherheit auseinander ging. Nicht nur absolut, wegen der Zunahme der Kraftfahrzeuge, sondern auch relativ zu den gefahrenen Kilometern wuchs wohl die Gefahr, Schaden zu leiden oder zu stiften. Für die jüngeren Jahrzehnte trifft das aber nicht zu. Und zur Reduktion der Unfälle haben nicht nur Gesetze und Übung der Fahrer beigetragen, sondern die Technik selbst: bessere Reifen, Knautschzonen, gepolsterte Lenkräder, bessere Bremsen und anderes mehr. Durch die ungeheure Zunahme ihrer Zahl sind die Autos für die Natur und die Lebenswelt der Menschen von Jahr zu Jahr bedrohlicher geworden. Aber die Zahl der Unfälle ist absolut zurückgegangen, nicht nur relativ zu den gefahrenen Kilometern. Eine defensive Argumentation nach dem Motto »Haltet das Ungeheuer im Zaum« träfe allenfalls das ökologische Problem und auch dies vermutlich kaum überzeugungskräftig. Im Blick auf die Sicherheit des Fahrzeugs als technisches Gerät träfe sie nicht einmal die Frage.[38]

Meine erste Frage lautet: Was motiviert denn Erfinder, Ingenieure und Mechaniker, sich der Sicherheit ebenso zu widmen wie der Geschwindigkeit? Sind es nur Gesetze, Moral, Angst usw., also der Technik gegenüber-

38 Zwar ist in den vergangenen Monaten die Zahl der Unfälle wieder gestiegen. Ursache sind aber selten technische Mängel. Und wo bei LKW technische Mängel als Unfallursache festgestellt werden, lag es eher an mangelnder Wartung, u.U. aus ökonomischen Gründen.

stehende Motive? Sind sie es hauptsächlich, die den durch die Erfahrung technischer Potenz genährten Allmachtswahn hindern, alles Machbare zu machen? Ich halte es für viel wahrscheinlicher, daß der handwerklichen und technischen Tätigkeit selbst eine Mischung aus Zielstrebigkeit und Neugier, aus Werksinn und Ehrgeiz, aus Ruhelosigkeit und Vergnügen innewohnt. Ihr können PS-Leistung wie Sicherheit und vieles mehr gleichermaßen als Herausforderung erscheinen. Auch Technik ist eben nicht nur zweckrational im Dienste vernünftigen Nutzens oder unvernünftigen Allmachtswahns. Sie ist auch Spiel.

Homo faber und homo ludens: Sicherlich entspringen viele technische Erfindungen und Konstruktionen vornehmlich zweckrationalem Forschen und Arbeiten. Ganz zweckfrei ergeben sie sich wohl selten. Die Pumpe ertüftelte man wohl, um dem Wassermangel abzuhelfen. Aber war der, der sie erfand, derselbe wie der, der sie dann zweckrational benutzte? Ging es ihm nur um Abwendung einer Not? Fand er nicht auch Vergnügen und Stolz daran, die Wirkungsgesetze des Hebels, später des Zylinders und Kolbens zu entdecken und ihre Anwendung zu verfeinern? Vielleicht sollten wir die von Naturwissenschaftlern und Technikern häufig gehörte Versicherung, sie fühlten sich nicht primär zuständig für die Anwendung und Folgen ihrer Erfindungen, nicht nur diskriminieren als Weigerung, politische Verantwortung zu übernehmen. Vielleicht zeigt sich darin auch eine Seite *dieser* Spannung und läßt uns liebenswerte Seiten der Technik entdecken. Die Spannung von Heilsamkeit und Bedrohlichkeit der Folgen ist eine, die von Zweckrationalität und Spiel eine andere.

Selbstverständlich finden sich gigantomanische Züge in der Technik, nicht erst seit Descartes, schon beim Turmbau zu Babel. Der Mischung aus Potenz, Zielstrebigkeit und Allmachtstraum Grenzen zu setzen ist wichtig. Aber andererseits vermute ich, die Baumeister der mittelalterlichen Dome mußten nicht durch moralische Mahnungen gemäßigt werden, um in Liebe zur Größe wie zum Detail, zu Zierrat wie zu Symbolen ihre Werke ins rechte Maß zu setzen. Sie dienten der Ehre Gottes wie bekanntlich der Reputation und Macht ihrer Auftraggeber. Eigener Ehrgeiz läßt sich genauso ablesen wie Liebe zum Stein und zum Werkzeug. Architektur als ein »Spiel zur Ehre Gottes«, wie Romano Guardini einmal die Liturgie genannt hat.

Homo faber der Heide, homo ludens der Christ? Auch hier wird später zu differenzieren sein, wie bei den Reisenden und Rasenden. Vorläufig heißt meine Hypothese: Der homo ludens hat eine Chance, wenn es dem homo faber gelingt, den homo religiosus zu integrieren bzw. umgekehrt, wenn es dem religiosus gelingt, den faber zu integrieren; aber auch Bruder ludens bleibt simul iustus et peccator.

Zurück zum Auto: Welche technischen Details beschäftigen zur Zeit die Benutzer? Wenn ich recht sehe, sind als technische Neuerungen besonders im Gespräch: Turbo, Allradantrieb, Katalysator, Bremsen mit ABS. Dabei sind Allradantrieb und Turbo neu nur, sofern sie nun auch in Tourenwagen eingebaut werden, die zu einem auch für normale Kunden erschwinglichen Preis zu haben sind. In welchem Maß und wodurch faszinieren sie? Wofür stehen sie?

Am wenigsten Faszination geht meinem Eindruck nach vom Katalysator aus. Ich finde das verständlich und die Autofahrer nicht diskriminierend, denn er gehört nicht wesensgemäß zum Fahrzeug. Das Automobil wird durch den Katalysator nicht automobiler. Er dient einem sekundären, wenn auch außerordentlich wichtigen Zweck: der Schonung der Natur. Ihn als technisches Gerät zu bauen, mag für Ingenieure eine faszinierende Herausforderung sein, ihn zu kaufen ist nicht eine Sache der Faszination, sondern der Vernunft, der Moral, vielleicht der Liebe zur Natur. Diese spielt vielleicht im Zusammenhang von »Reisen« eine Rolle, wovon in Kapitel II die Rede war, um die es hier aber nicht geht.

Interessanter im hier bedachten Zusammenhang ist, daß – wenn ich recht sehe – das ABS weit weniger Interesse bei Stammtischgesprächen erregt als Turbo, gefolgt von Allradantrieb. Dabei mag der Preis eine Rolle spielen. Aber die Fans schwärmen von Porsche und Jaguar, auch wenn sie preislich für sie unerschwinglich sind. Ein anderer »objektiver«, also über die Mentalität der Fahrer noch wenig besagender Grund mag sein, daß der Zweck des Autos eben primär das Fahren, erst sekundär das Bremsen ist. Außerdem ist »ABS« eine rein technische, die Phantasie keineswegs anregende Abkürzung für ein schwer auszusprechendes, wenn auch leicht verständliches Wort: An-ti-blockier-sy-stem. »Turbo« dagegen ist ebenso geheimnisvoll unverständlich wie leicht ansprechend. Auch wer, wie ich, nicht genau zu beschreiben vermag, worum es sich technisch handelt, weiß sofort, was es bedeutet: Mehr Kraft, mehr Tempo und – wie man liest und hört – weniger Verbrauch. Ein bißchen klingt es sogar nach Lokomotive. Allradantrieb hat zwar etwas mit Sicherheit zu tun, z.B. bei Schnee, und nichts mit Tempo. Aber das Motiv heißt wohl eher »überall durchkommen«, auch in schwierigen Situationen »Herr der Lage« bleiben. Auf einer Skala zwischen Dynamik und Sicherheit liegt es irgendwo in der Mitte, immer noch eher »Beweglichkeit« bedeutend als »Schutz«, dem »Reisen« oder »Rasen« zuzuordnen von Fall zu Fall.

Falls meine Einschätzung stimmt, daß die stärkste Faszination von »Turbo« ausgeht, gefolgt von »Allrad«, »ABS« und »Katalysator«, läßt sich – mit Vorsicht und unter Berücksichtigung der erwähnten Einschränkungen – feststellen, daß Dynamik, Kraft, Tempo populär attraktivere Werte sind als etwa Sicherheit, von anderen Werten wie z.B. Komfort, Sparsamkeit, Umweltfreundlichkeit hier einmal abgesehen. Dies gilt aber wohl nur für die Benutzer der Fahrzeuge, weniger für die Ingenieure. Wenn ich an die Weiterentwicklung der Autos in den letzten 15 Jahren denke, habe ich jedenfalls nicht den Eindruck, daß das Bemühen im Vordergrund stand, die Gebrauchswagen immer mehr den Rennwagen anzugleichen. Vorbehaltlich einer Überprüfung dieses Eindruckes gebe ich eine Vermutung zu bedenken: Vielleicht sind die technisch interessierten, vor den Geheimnissen ebenso staunend stehenden wie langsam abenteuerlich in sie eindringenden Laien stärker von den die Allmachtsphantasien nährenden Möglichkeiten der Technik angezogen (homines faberi?). Die Fachleute hingegen finden vielleicht eine Vielfalt attraktiver Herausforderungen, »ABS« ist für sie nicht weniger »spannend« als »Turbo« (homines ludentes?). Selbstverständlich muß man hier noch die Interessen ihrer Auftrag- und Arbeitgeber bedenken, doch dies ist ein anderes Kapitel.

Falls diese Vermutung nur halbwegs zutrifft, bekäme die oben genannte Hypothese einen neuen Aspekt. Nicht nur um »faber« oder »ludens« geht es als Einstellung, sondern: Je mehr Sinn und Verständnis für die Technik, um so eher auch Sinn für andere Werte als Leistung, z.B. für Sicherheit. Wobei ein Engagement für Sicherheit natürlich nicht automatisch eintritt.

Ein anderes Beispiel, die eben genannten kontrastierend: Ein junger Freund unserer Familie benutzte einen Sommer und Herbst lang unseren Garten, um ein schweres Motorrad älteren Baujahres – eine Triumph 750 cm^3 – wieder fahrbereit zu machen. Die Maschine wurde in alle Einzelteile zerlegt. Das Aus- und Einbauen, Reparieren und Ausprobieren geschah mit Vergnügen und Zorn, war Lust und Last, wie sich das für eine anständige Arbeit gehört. Sie zog sich hin. Was eine halbe Stunde dauern sollte, nahm einen halben Tag in Anspruch, und die Widerspenstigkeit eines Einzelteils wurde mit den entsprechenden Flüchen bestraft. Ungeduld – wohlgemerkt – bei der Arbeit, keine Spur von Ungeduld habe ich bemerkt, wenn sich das Warten auf ein Ersatzteil wochenlang hinzog. Und als das Werk fertig und fahrbereit war, der TÜV aber einen Auspuff verlangte, der nur in England vielleicht noch zu haben war, stand die Maschine monatelang in meiner Garage und beschäftigte mich mehr als den Besitzer. Ob sie jemals zugelassen wurde, weiß ich nicht.

Homo ludens? Sicher eher ludens als faber, übrigens mit ebensoviel Aufmerksamkeit für die Bremsen wie für die Kolben. Aber wo technisches Arbeiten so als »Fahrt ins Blaue« geschieht, findet dann keine Fahrt ins Blaue statt. So also ist dem technisierten Abendland auch nicht zu helfen[39].

Dies sind Beispiele für unterschiedliche Beziehungen zur Technik. Man kann sie psychologisch deuten. Aber das interessiert mich hier nur am Rande. Mir geht es eher um philosophische und theologische Deutung. Und die ist nicht leicht, weil die Tradition uns nur spärliches Material bereitstellt.

Die Bibel interessiert sich für den Menschen als Techniker fast gar nicht. Wo sie ausnahmsweise von ihm erzählt, bringt sie ein abschreckendes Beispiel: Gott läßt sich die Gigantomanie der babylonischen Turmbauer nicht gefallen und weist dem Abraham gnädig einen anderen Weg ins ländliche Kanaan. Ganz ähnlich ist es mit den übrigen Zeugnissen der Theologie- und Philosophiegeschichte von damals bis heute. Wo Propheten und Priester über die sozialen Konsequenzen des Glaubens reden, wo Theologen über den Frieden der Seele und des Gottesvolkes nachdenken, wo Philosophen und Dichter metaphysisch oder psychologisch menschliches Leben deuten, sind Technik und Techniker kaum im Blick.

Wohl gibt es viele Ausnahmen, die sich auch diesem Thema widmen,

39 Weitere Hinweise: Die elektrische Eisenbahn bastelnd aufzubauen, fasziniert viele stärker, als sie dann fahren zu lassen. Als 14jährige hatten wir starkes Interesse an den nach den Mangeljahren nun käuflichen diversen Bremsen für unsere Räder. Felgen-, Trommel-, Rücktrittbremsen waren Gesprächsthemen, obwohl sie dem primären Zweck der Räder – leichtes und schnelles Fahren – kaum dienten. Lag uns an Sicherheit oder an Rennradlook?

und ich will auf einige zurückkommen. Aber man muß sie suchen, erst Spuren verfolgen, ehe man sie findet. Abgesehen vielleicht von noch einigermaßen Bekanntem aus der Zeit des Humanismus und der beginnenden Aufklärung ist das Thema nicht populär, bestimmt nicht das Denken und Glauben der Leute. Bekannt dagegen ist die – im Kontext der gesamten Geistesgeschichte noch nicht einmal sonderlich gewichtige – Geschichte philosophischer und theologischer Skepsis gegenüber dem Übermut: Vom Turmbau zu Babel über den Prozeß gegen Galilei zu Goethes Zauberlehrling. Und selbst Huizinga, der 1938 den homo ludens in fast allen Bereichen der Kultur aufsucht und trefflich beschreibt – Rechtswesen, Krieg, Politik, Mode, Sport usw. – spart den Bereich der Technik aus[40]. Gegenteilig natürlich technische Utopien, die sich freilich in ihrer naiven Einseitigkeit dem Trivialen nähern, wie bei Hans Dominik und anderen.

Woran liegen solches Desinteresse und – wo Interesse erwacht – solches Mißtrauen? Ist der Mensch, der mit Kopf und Händen etwas austüfteln und konstruieren kann, so uninteressant? Sicherlich, die unseren Glauben prägende Bibel ist in einer nicht nur archaischen, sondern auch ländlichen Gesellschaft entstanden. Aber auch da gab es Handwerk, Erfindungen und technisches Gerät. Pflug und Wagenrad sind nicht vom Himmel gefallen. Liegt das unter anderem daran, daß die Entwicklung so langsam voranging, die revolutionären Erfindungen also jeweils in unerlebter Vorzeit lagen und das know how als etwas ebenso Selbstverständliches überliefert wurde wie die Gesetze von Saat und Ernte? Die Bibel nimmt derlei jedenfalls – von noch zu erwähnenden Ausnahmen abgesehen – als selbstverständlich hin. Oder liegt es daran, daß von Anfang an dem »Geisteswissenschaftler« der homo faber banal erschien und gleichgültig war, solange er nicht gefährlich wurde?

Wie dieses Spiel sich in der Gegenwart fortsetzt und was vielleicht auch dahintersteckt, fiel mir durch einen Zufall auf. Auf einer Bahnreise gerade mit diesen Gedanken beschäftigt, fand ich ein als Reiselektüre dort ausgelegtes Computer-Magazin. Unter dem Titel »Binäres Denken contra Kreativität« nehmen darin zwei Autoren kontrovers zur Verwendung von Computern im Schulunterricht Stellung[41]. Eurich (contra) analysiert, daß

40 Johan Huizinga, Homo Ludens, 1938.

41 Claus Eurich und Herbert Löthe, Binäres Denken contra Kreativität, Computer-Magazin 15, Sonderdruck, IC-Heft März 1986, Stuttgart.

mit den Computern auch die mit ihrer Entwicklung verbundenen Interessen und Macht in die Schule Eingang finden. Er befürchtet, daß die mit den Automaten umgehenden jungen Menschen damit auch ihre Handlungsautonomie verlieren und Werkzeuge des Werkzeugs werden, blind für die Vielfalt schöpferischen Denkens. »Computer haben in der Schule nichts zu suchen.« Löthe (pro) geht davon aus, daß die Menschen für die nutzbringende oder schadende Anwendung ihrer Geräte die Verantwortung selbst übernehmen müssen und können und daß die Schüler dazu am ehesten vorbereitet werden, wenn sie auch in der Schule mit der modernen Technik vertraut werden. Er hofft, daß auch im Unterricht das technische Gerät den Menschen die sonst mühsame, mechanisch mit Zirkel und Lineal zu vollziehende Routinearbeit abnehmen kann. Um so eher können sie in der Anwendung des nun leichter verfügbaren Materials kreatives Denken entfalten. Auch er sieht Gefahren für die Selbstbestimmung des Menschen im Computerzeitalter, der durch technische und politische Fortbildung der Lehrer zu begegnen wäre, damit durch ihre Hilfe »der Lernende Kontrolle über den Lernprozeß hat«.

Bei all diesen ernsten Gedanken ist nirgends die Rede von der Faszination dieser Geräte und von dem Spaß, den Schüler daran finden, zu Hause und vielleicht auch in der Schule. Wohlgemerkt: Solche kritischen Gedanken sind selbstverständlich nötig und wichtig. Die Gefahr der Verführung zu eindimensionalem Denken will ich hier keineswegs verharmlosen. Und beide Autoren argumentieren behutsam und menschenfreundlich. Aber beiden geht es zuerst um Nutzen und Schaden und um deren Kontrolle! Und wer das Vergnügen, das Spiel und Abenteuer – im Umgang mit Technik wie übrigens auch mit Zirkel und Lineal – der Rede nicht für wert hält, zeigt, wessen Geist ihm die kritische Feder führt: der des homo faber! Soziologisch, psychologisch und pädagogisch, in jedem Falle »humanwissenschaftlich« wird hier ein neues Werk des homo faber und seiner Auftraggeber kritisch unter die Lupe genommen und auf seine Nützlichkeit oder Gefährlichkeit überprüft. Homo sapiens als kritischer Gesprächspartner des homo faber? So gibt es sich. Aber bei Licht besehen zeigt sich, daß es den – sich pro wie contra entscheidenden – Kritikern um das gleiche geht wie den Kritisierten: um Effekt und Kontrolle, nur daß der – vielleicht zu Recht – besorgte Kritiker immer etwas später kommt. Der Zauberlehrling will die Natur kontrollieren und der Dichter oder Pädagoge den Zauberlehrling: Faber gegen faber! Oder ist auch dies noch eine Diskriminierung des Zauberlehrlings, weil es sich im Grunde um einen Streit faber gegen ludens handelt? Während mich die Lektüre beider Moralisten langweilte – schon nach den ersten Sätzen war klar, worauf es hinauslaufen würde – wuchs meine Lust, mir einen Computer als Spielzeug zu beschaffen.

Im übrigen ist nicht ausgemacht, ob Techniker oder Theologen je auf ihre Weise mehr babylonische Türme zu errichten getrachtet haben, »damit wir uns einen Namen machen; denn wir werden sonst zerstreut in alle Lande« (Gen. 11,4), wovor die Ethiker mindestens soviel Angst haben wie die Architekten.

Wo jedenfalls Sorge das Leitmotiv von Theologie, Philosophie oder Humanwissenschaft ist, muß man bestrebt sein, etwas »in den Griff« zu bekommen, wenn nicht mit Technik, so mit geistigen oder politischen Waffen. Und beim Techniker? Homo faber oder homo ludens, über die Ambivalenzen in beiden wird noch zu reden sein. Sollten die gigantomanischen Züge im faber unter anderem darin motiviert sein, daß er von denen, die sich mit der Deutung menschlichen Lebens beschäftigen, seit 3000 Jahren so stiefmütterlich behandelt wird?

Man stelle sich, um auf das Auto zurückzukommen, eine Familie vor, in der auf akademischem Niveau musiziert, schöne Literatur und die Bibel gelesen und über die politischen Analysen des »Spiegel« diskutiert wird, all dies als Erlebnis von Identität. Wenn nun die 18jährige Tochter sich plötzlich für Autos und Motorräder interessiert, sie nicht nur fahren, sondern auch auseinandernehmen will, wird man von Unfallgefahr reden und gefährdete Werte meinen. Unter solchen Umständen wäre vorauszusehen, daß die Tochter sich erst einmal für PS mehr interessiert als für Bremsen. Und weil ich will, daß sie sich für die Bremse ebenso interessiert, suche ich nach einer anderen Art von Theologie in ihrer Beziehung zur Technik. Und genau aus diesem Grunde versuche ich hier, Theologie zu betreiben nach Art des homo ludens und nicht des faber, als Beitrag zur Verkehrssicherheit. Denn nur, wer die Technik mehr liebt als fürchtet, kann sie kultivieren, und dazu etwas Theologisches beitragen kann nur eine Theologie, die uns die Technik lieben lehrt und eine Spiritualität, die solcher Liebe Raum gibt. Es geht um die Integration des homo faber.

Wichtige Schritte in dieser Richtung finde ich in dem schon erwähnten Aufsatz von Tödt[42]. Zwar halte ich es für etwas kurzschlüssig, wenn er

42 S.o. Anm. 37.

Technik definiert als »die Herstellung und Anwendung von Mitteln, mit denen man beabsichtigte Wirkungen erzielt« (S. 19), denn so eindeutig immer zweckorientiert finde ich sie nicht. Wichtiger ist mir, daß er das Staunen der Menschen über ihre eigenen Erfindungen bedenkt, freilich gleich und zu schnell bezogen auf die »Eigenmacht« der Produkte, die auf die Menschen zurückwirkt und sie nach deren Beherrschbarkeit fragen läßt.

Eine für die theologische Reflexion bedeutsame Wurzel der modernen abendländischen Technik und des mit ihr verbundenen Fortschrittsglaubens findet Tödt in der Art und Weise, in der schon im Mittelalter das aus Gen. 1 (»Macht euch die Erde untertan«) abgeleitete dominium terrae verstanden und das forschende und technische Handeln als Aktualisierung der menschlichen Bestimmung zur imago Dei interpretiert wurde. So verstanden partizipiert der handelnde Mensch am eschatologischen Handeln Gottes (S. 27). Noch eindeutiger fortschrittsorientiert wird im 17. und 18. Jahrhundert das menschliche Erfinden und Konstruieren in Harmonie mit der göttlichen Weltenlenkung gesehen. Enttäuschungen, Rückschläge oder Fehlentwicklungen schienen so in einer selbststeuernden Harmonie aufgehoben. Solcher Glaube an einen »sich selbst optimierenden Fortschritt« wurde bekanntlich von Marx ebenso heftig kritisiert, wie er durch unsere Erfahrungen widerlegt wird (S. 24).

So weit folge ich der Darstellung Tödts. In welchem Maße allerdings grenzenloser Utopismus und Hybris ihre Ursachen in der durch Marx und andere vollzogenen Loslösung der Geschöpfe vom Schöpfer haben und dadurch aus der der »operatio Dei« nachfolgenden »co-operatio« ... »autokratische Operationen« wurden (S. 29), scheint mir eine schwierig zu beantwortende Frage zu sein[43]. Richtig gesehen ist sicher, daß Marx wie auch die technischen Utopien die Ambivalenzen aufzulösen hofften, die sich nicht auflösen lassen, weil sie im Menschen selbst begründet sind (S. 25). Mit Recht betont Tödt, daß nun freilich nicht die Furcht als christliches

43 Ich wundere mich, daß Tödt bei seiner sonst so behutsamen Argumentation in diese Falle läuft. Sicherlich ist es kein Zufall, daß naturwissenschaftliche Aufklärung, materialistisches Geschichtsbild und die Schöpfung bedrohende Technik gleichermaßen in Europa entstanden sind. Andererseits gibt es vor und neben atheistischen Utopismen mannigfache utopistische Entwürfe und Experimente in Gottes Namen. Die Zusammenhänge sind zu kompliziert, als daß sie hier ausführlich genug bedacht werden könnten. Aber Vereinfachungen sind noch gefährlicher.

und theologisches Argument gegen den Utopismus dienen kann. »Furcht macht nicht nur sensibel und kritisch, sie leitet ebenso oft auch zu einer deformierten Wahrnehmung der Wirklichkeit, zu pathologischem Lernen an« (S. 27). Sich gegen solche Furcht auf den Schöpfungsglauben und die eschatologische Erwartung der Weltvollendung berufend, leitet Tödt daraus die Freiheit und Ermächtigung zu technischer Gestaltung ab. »Der Mensch tut im technischen Handeln etwas, was seiner Bestimmung entspricht. Er bringt an den Tag, was als Möglichkeit immer schon in unserem Verhältnis zu den Dingen liegt, nämlich Neues entstehen lassen, das weit über den vorgegebenen Bestand hinausführt« (S. 27). Ebenso findet er im Schöpfungsglauben die Anleitung, die Macht des geschaffenen Menschen von der Macht des Schöpfers zu unterscheiden, eine Anleitung also »zu Selbstbeschränkung ... und zugleich zum Achthaben auf die Mitkreatur«[44]. »Der einseitige Utopismus verwandelt die menschliche Kooperation in autokratische Operationen, die nur allzuschnell egozentrisch und destruktiv gegenüber der Mitkreatur werden. Und die einseitige Betonung der Furcht und der Grenzen führt zu quietistischer Anpassung, in welcher die Talente, die dem Menschen gegeben sind, verkümmern. Als nachfolgende co-operatio verstanden, wird menschliches Schaffen beides in sich vereinen dürfen: die Erwartung, daß Neues auch durch uns möglich wird, und die Achtsamkeit auf das, was mit dem Sinn des Vorgegebenen vereinbar ist und ihm entspricht, und damit die Sensibilität für die Grenzen menschlichen Tuns« (S. 29).

44 Tödt, a.a.O. S. 28. Hier zeigt sich besonders deutlich, daß Tödt letztlich ein anderes Verständnis von theologischer Wissenschaft hat als ich. Für Tödt haben theologisches Forschen und Nachdenken begründende, legitimierende Funktion. Sie sollen uns lehren, wie wir als Christen die Welt sehen dürfen oder sollen, und welche Handlungsweisen in dieser Sicht begründet sind. Im Gegensatz dazu haben für mich theologisches Denken und Meditieren beschreibende, deutende Funktion. Neben Psychologie und Soziologie – sofern sich nicht auch diese als normative Wissenschaften geben – kann solche Theologie einen Beitrag zum Wirklichkeitsverständnis leisten und Motive unserer Handlungen verstehen helfen. Sie hat aber weder die Aufgabe noch die Möglichkeit, bestimmte Handlungsweisen zu legitimieren. Auch bei Tödt findet sich Theologie als beschreibendes, deutendes Nachsinnen. Sobald es ihm aber um Begründung oder »Anleitung« geht, vermag ich ihm nicht zu folgen. Denn als »Begründungswissenschaft« verfällt Theologie m.E. dem Phänomen, das sie kritisieren will: dem Allmachtswahn, zu »sein wie Gott«.

Ich weiß mich mit Tödt einig im Widerspruch gegen Utopismus wie gegen Furcht als Prinzipien der Argumentation. Aber so sehr mir auch einleuchtet, wie er hier menschliches Handeln als Kooperation mit der operatio Dei beschreibt, so wenig leuchtet mir ein, wenn er deren Begrenzung *nur* als – aus Ehrfurcht, Gehorsam und Einsicht zu erbringende – Verpflichtung charakterisiert. Er bemüht sich ernstlich, Technik und Techniker nicht stiefmütterlich zu behandeln. Aber ist es nicht letztlich doch das alte Spiel, durch das, wie ich fürchte, Theologie banal zu werden droht? Daß der Mensch forschend und konstruierend die ihm gegebene Kreativität entfaltet, muß man vielleicht dem skrupulösen Theologen sagen, der Ingenieur weiß es ohnehin und handelt entsprechend. Daß dies zerstörerische Folgen haben kann, ahnt der – möglicherweise von Interessenkonflikten hin und her gerissene – Ingenieur vermutlich auch. Der Theologe weiß es seit 3000 Jahren und hält es seinem Stiefbruder zum 100. Mal vor.

Tödt vollzieht damit nicht den Schritt, den ich hier – selbst tastend und suchend und meiner Sache keineswegs sicher – versuchen will, wenn ich der Versuchung zu Hybris und Gigantomanie nicht *nur* Verantwortungsbewußtsein und Sensibilität für Mitmenschen und Natur entgegenstelle, was selbstverständlich auch nötig ist, sondern *auch* den homo ludens. Ich meine damit nicht nur eine sich begrenzende, in die Natur »einfühlende Weiterentwicklung« der Technik (Tödt, S. 28), sondern eine, vor aller Moral immer schon vorhandene, alternative Einstellung zur und Verhaltensweise in der Technik selbst.

Mit Recht betont Tödt die Unüberwindlichkeit der Ambivalenzen, die an den Folgen menschlichen Handelns abzulesen und im Menschen selbst begründet sind. Aber sie finden sich nicht nur in der Seele der Techniker – und auch in der der kritischen Theologen! – sondern auch in der Schöpfung (im Schöpfer?), an deren (dessen?) kreativer Potenz der forschende, handwerklich und technisch arbeitende Mensch partizipiert.

Die autofahrpraktische Folge: Wenn das nicht gesehen wird und nicht in öffentlich verständlichen und überzeugenden Symbolen beschrieben werden kann, führt dies zu einer unfallträchtigen Schizophrenie: Der Techniker ist kreativ, der Moralist begrenzt ihn. Beim technisch nicht sonderlich interessierten Autofahrer sieht das so aus: Er muß technisch lernen, was unbedingt erforderlich ist, um an der Technik zu partizipieren und den damit verbundenen Zuwachs an Freiheit und Kraft körperlich und seelisch zu erleben. Sei er ansonsten ein an Technik wenig interessierter Reisender oder Rasender, Naturfreund oder Familienlenker: Er muß als »Techniker« lernen zu tanken und gelegentlich den Ölstand zu kontrollieren. Das tut er, weil sonst nichts läuft. Und wenn er einen einigermaßen entwickelten Sinn für sein Fahrzeug hat, tut er es ihm an nicht nur als technischem Gerät, sondern als Freund und Kompagnon. Um sein Auto vor destruktiver Wirkung zu bewahren, bedarf es freilich auch des Achtens auf Reifen und Bremsen. Es meldet dieses Bedürfnis aber nicht so unmittelbar spürbar und regelmäßig an wie z.B. seinen Durst nach Benzin, erzwingt somit nicht das technische Interesse und tut als Freund und Kompagnon noch willig seinen Dienst. Wie man weiß, aber nicht spürt, ist die Beobachtung der Reifen und Bremsen aus technischen Gründen dennoch gelegentlich nötig, in dieser Hinsicht erscheint nun das Auto nur noch als ungeliebtes technisches Gerät. Seine Wartung geschieht demzufolge nicht aus dem schwach entwickelten technischen Interesse, sondern aus Verantwortungsgefühl, aus Angst, Liebe zur Familie oder anderen moralischen Motiven. Die Motive sind gut, aber in der Regel schwach, jedenfalls wankelmütig gegenüber der Lust an Dynamik, Kreativität und Reiseabenteuer. Und wenn sich noch dazu Sparsamkeit, gar Geiz und Termindruck mit diesem einäugigen Techniker gegen den Moralisten verbünden, hat die Sicherheit allemal das Nachsehen. Fazit: Dem Techniker sind Benzinstand und Reifendruck seines Gerätes und Freundes gleichermaßen interessant, den Reisenden interessiert zuerst der Benzinstand seines Freundes, den Moralisten vornehmlich der Reifendruck des Gerätes. Anders gesagt: Obwohl eher an »geistigen« und ökonomischen Werten interessiert, übernimmt unser Fahrer die Kontrolle des Kraftstoffanzeigers selbst. Weil eher »geistig« und ökonomisch interessiert, überläßt er die Kontrolle von Reifen und Bremse dem TÜV – und hat als Moralist deswegen zuweilen ein schlechtes Gewissen.[45]

Darauf will ich hinaus: Ein Achten auf Motor und Bremse, beides aus

45 Es gibt viele Formen der Spaltung, wie ich sie – und wohl viele andere – z.B. mit 18 Jahren erlebt habe: Einerseits mit Lust und Eifer bestrebt, Führerschein und Fahrpraxis zu erwerben. Andererseits voller Zorn gegen das Auto, solange es Grund zu dem Verdacht gab, das Spiel zwischen Kupplung, Gashebel und Getriebe sei mit List konstruiert, um mich zu schikanieren: Anfahren am Berg, Zurückschalten mit Zwischengas (also krachenden Zahnrädern und stöhnendem Vater)!

Sinn für Technik; eine Beziehung zum Auto als Gerät und Freund, Motor und Bremsen inklusive; eine Spiritualität, die Kreativität für beide freisetzt.

Ich kenne keinen systematisch-theologischen Entwurf, dem ich hier einfach folgen könnte, um konkretisierend Folgerungen für den Lebensbereich »Technik im Straßenverkehr« abzuleiten. Ich kann einen solchen Entwurf auch nicht entwickeln. Andererseits hat sich gezeigt, wieviel auch im Umgang mit Technik abhängt von der Einstellung zum Ganzen der Wirklichkeit, also von Spiritualität. Solche Spiritualität deutend, zu reifer Spiritualität anregend, muß Theologie ihren Beitrag leisten. Aber wie die Dinge liegen, muß die Theologie in ihrer Beziehung zur Technik erst einmal mit sich selbst ins Reine kommen. Darauf kann ich aber weder als Autofahrer warten noch als Pfarrer, der dem Autofahrer Gesprächspartner sein will. So will ich eher assoziativ einige theologische Motive sammeln und zu bedenken geben, die mir weiterführend scheinen. Dabei will ich darauf achten, daß daraus nicht eine »Fahrt ins Blaue« wird und ich bei den Umwegen nicht das Ziel aus dem Auge verliere, um das es hier geht. Um den Titel eines später zu bedenkenden Buches vorwegzunehmen: Es geht um »die Kunst, ein Motorrad zu warten«[46].

Ambivalenzen

Kürzlich wurde ich bei einer Geburtstagsfeier in ein Streitgespräch verwickelt. Zwei naturwissenschaftlich denkende und arbeitende Gäste, der eine Arzt, der andere Ingenieur, wollten dem Theologen klarmachen, daß es keinen Sinn habe, von Gott zu reden. Vielleicht wollten sie auch von ihm hören, daß es doch Sinn habe. Man kennt das. Der Arzt argumentierte nach der Aufklärer Weise: »Wir erklären die Welt naturwissenschaftlich, da ist für Gott kein Platz.« Der Ingenieur sagte aber nach einiger Zeit: »Welchen Sinn hat es denn, von Gott zu reden, wenn wir Menschen in der Lage sind, die Welt zu vernichten?« Ich antwortete zögernd: »Manchmal denke ich, daß da nicht nur Gott ist, sondern auch der Teufel. Ich lebe in dem Glauben, daß Gott stärker ist. Aber vielleicht ist der Kampf ja nicht entschieden.« Ich befürchtete die Reaktion: »Nun muten Sie dem Natur-

46 Robert M. Pirsig, Zen und die Kunst ein Motorrad zu warten, Fischer 1984.

wissenschaftler neben Gott auch noch den Teufel zu.« Er sagte aber: »Endlich begegnet mir ein Theologe, der einräumt, daß die Sache auch schiefgehen kann.«

Einige Bemerkungen zu diesem Gespräch, in dem ich nicht wohldurchdacht, sondern spontan reagiert habe, über die Tragfähigkeit der Argumentation erst jetzt nachträglich reflektierend:

1. Da war also die alte, oben von mir als voreilig abgewiesene Frage: »Die ich rief, die Geister . . .« Aber sie wurde nicht vom Dichter, Philosophen oder Theologen an den Zauberlehrling herangetragen, sondern von diesem an den Theologen. Und nicht nach Moral war also gefragt, sondern nach dem Sinn von Hoffnung, nicht nur nach dem – ungezogenen – Menschen, sondern nach Gott.

2. Von der Ebene eines erkenntnistheoretischen Geplänkels, auf der es mit dem Arzt übrigens blieb, geriet das Gespräch auf die Ebene der Frage nach Identität und Spiritualität.

3. Mit seiner Antwort habe ich die an den Folgen der Technik ablesbare und an Interessenkonflikten auch im Inneren des Menschen spürbare Ambivalenz auf der Symbolebene beschrieben. Damit wird der Mensch nicht entlastet. Aber die Ambivalenz wird nicht allein ihm angelastet[47].

Daß es nicht nur um die Spannung von Technik und Natur und die Ambivalenz menschlichen Denkens und Handelns geht, hat Theologie immer gewußt, wenn sie entweder dualistisch von Gott und Satan geredet oder

47 Wenn die Frage des Ingenieurs als polemisches Argument vorgetragen worden wäre mit dem Ziel, menschliche Verantwortung abzuweisen (und vielleicht gleichzeitig Gott zu widerlegen), wäre allerdings eine andere Antwort nötig gewesen, etwa: Von Gott kann man da immer noch reden, aber kaum vom Menschen. Aber davon war hier keine Rede.
So einfach liegen die Dinge eben nicht, zumal wenn sich Erkenntnistheoretisches und Existentielles vermischen: Unsere Sprachlosigkeit hinsichtlich der Rede von Gott in einer naturwissenschaftlich orientierten Kultur ist unser, nicht sein Problem; und die Erhaltung der Schöpfung ist vielleicht nicht nur unser, sondern zuerst sein Problem. Wir lassen uns leicht dazu verführen, die Sprachlosigkeit als sein, die Erhaltung der Schöpfung als unser (ethisches) Problem zu behandeln. Dies ist unsere Art des Atheismus. Die in theologischen Diskussionen häufig zu hörende Aussage, man könne Gott nicht für die (Un)taten der Menschen verantwortlich machen, ist naiver als die dadurch diskriminierte Laienfrage »Wie kann Gott das zulassen?« Denn uneingestandenermaßen impliziert diese Aussage die Annahme der Ohnmacht, mindestens der beängstigenden Machtbeschränkung Gottes angesichts der Macht des Menschen.

beide Seiten in Gott als Zornigem und Gnädigem, Nahem und Fernem, absconditus und revelatus u.ä. wahrgenommen oder Jesu Kreuz meditierend von Gottes Ohnmacht gesprochen hat. Damit sind wir beim Nachdenken beim 2. und 3. Artikel unseres Glaubensbekenntnisses, nicht mehr nur beim 1., auf den sich Ethik oft beruft[48].

Eben dadurch wird die Frage nach der Zukunft nicht nur eine Frage nach Ethik, also unserer Bereitschaft und Fähigkeit zu verantwortlichem Handeln. Sie wird zur Frage nach Sinn und Recht von Hoffnung versus Angst. Damit werden Gasgeben und Bremsen, Bauen und Bewahren zum Thema technischer Kreativität in ihrer beides betreffenden Ambivalenz. Indem wir Menschen uns darauf einlassen, erleben wir unsere Freiheit und Begrenztheit ebenso, wie die freundlichen und feindlichen Möglichkeiten und Rätselhaftigkeiten der Schöpfung und des Schöpfers. Es gibt genug Situationen, wo wir weder sicher wissen, ob – im direkten wie übertragenen Sinne – Bremsen oder Gasgeben angebracht ist, noch ob das eine oder das andere im Sinne unserer Intention gelingt.

Wir mögen dies erleben im Sinne des homo faber, der im Vertrauen auf seine Potenz und im Ringen mit äußeren und inneren Widerständen Erfolge und Niederlagen erlebt, seine Hoffnung bewahrend oder verlierend. Wir mögen es erleben im Sinne des homo ludens, der von Phantasie geleitet mit Vergnügen und trotzigem Ärger das faszinierende Spiel mitspielt mit Glück und Enttäuschung, seine Heiterkeit bewahrend oder verlierend. Und letztlich ist es die Frage, ob sich das Ganze als Tragikomödie erweist oder als Heilsgeschichte. Diese Frage bezieht sich auf die Geschichte der forschenden und werkenden Menschheit wie auf die Geschichte des individuellen aktiven Lebens. Und sie ist bezogen auf den kleinen Ausschnitt des Lebens, der damit beginnt, daß einer die Zündung seines Motors betätigt oder die Motorhaube öffnet oder sein Auto zur Wartung in die Werkstatt bringt.

Die einseitige Konzentration auf die Frage nach der Begrenzung der Hybris ist auch deshalb irreführend, weil sie im Blick auf die Technik des Autos die Realität gar nicht trifft. Sie führt »zu einer deformierten Wahrnehmung der Wirklichkeit«, wie Tödt richtig sagt[49]. Der Appell, nicht alles

48 Das gilt so nicht für Tödt, der Gedanken an Erlösung und Vollendung einbezieht.
49 A.a.O. S. 27.

Machbare zu machen, ist nötig und sinnvoll im Blick auf viele Erscheinungen der Technik. Hier ist an Waffen zu denken, Weltraumforschung, Energieerzeugung und -verbrauch allgemein, wohl auch an die extensive Verbreitung und Benutzung des Autos. Im Blick auf die Autotechnik aber wäre es allenfalls 1950 theoretisch sinnvoll gewesen, zu appellieren, es hinsichtlich PS und Höchstgeschwindigkeit der Tourenwagen beim erreichten Stand zu belassen. Heute aber träumt von mehr Kraft und Tempo nur ein pubertärer Käufer oder Bastler mit 18 oder 48 Jahren, der sich irgendwie auf dem Wege vom Moped zum Porsche befindet. Die Hersteller haben längst andere Intentionen wie Komfort, Sparsamkeit, Sicherheit, wobei freilich auch nicht alles rein menschenfreundlich ist. Weil es aber nun, nachdem wir einmal angefangen haben, in vieler Hinsicht, z.B. um der Sicherheit willen, darum geht, das Machbare auch zu machen, scheint es mir nötig, das Denkmodell »homo faber versus Moralist« zu ergänzen. Dafür bietet sich mir das Modell »homo faber – homo ludens« an, in dem beide Techniker sind.

Symbole

Die Mythen, Märchen und Legenden, die philosophische und religiöse Literatur interessieren sich, wie gesagt, selten – und dann eher skeptisch – für den mit Handwerk und Technik umgehenden Menschen. Dies gilt jedenfalls für die vertraute Überlieferung, die einem gleich einfällt und die unsere Einstellung geprägt hat. Aber vieles findet sich bei einigem Suchen: Beispiele dafür, wie die Menschen mit Werksinn, Stolz und Angst über die technische und handwerkliche Seite unserer Kultur und ihre Entstehung erzählen. Ich will ein paar Beispiele zu bedenken geben. Vielleicht, daß wir in einigen unsere eigenen Erfahrungen und Einstellungen wiederfinden. Vielleicht, daß sich darin Symbole zur Deutung unserer Wirklichkeit finden.

Beurteilt die Bibel schon den Aufbruch der Menschen skeptisch (Gen. 3) und den ersten Turmbau als Frevel, so geht die Apokalyptik noch weiter: Im Henochbuch sind es gefallene Engel, die sich, von den leiblichen Menschentöchtern angezogen, zur Erde begaben und mit ihnen Riesen zeugten (vgl. Gen. 6,1ff). Diese Riesen wandten sich gegen die Menschen. Und einer dieser Engel, Azazel, »lehrte die Menschen Schwerter, Messer, Schilde und

Brustpanzer machen und zeigte ihnen die Metalle und die Art ihrer Bearbeitung, Armspangen, Schmucksachen, ... Augenschminke, ... Edelsteine und allerhand Färbemittel. Es herrschte viel Gottlosigkeit; sie trieben Unzucht und gerieten auf Abwege ...« Die übrigen namentlich genannten Engel lehrten Beschwörungen, Astrologie und Sternbilderkunde, Wolkenschau und Erdzeichen und anderes. »Als die Menschen umkamen, schrieen sie, und ihre Stimme drang zum Himmel« (I,8). Dort brachten die Erzengel die Kunde vor den Thron Gottes. »... Du siehst, was Azazel getan, wie er auf Erden allerlei Ungerechtigkeiten gelehrt und die ewigen Geheimnisse offenbart hat, sie, die kennenzulernen die Menschen bestrebt waren ...« (I,9). Daraufhin wurde das Weltgericht beschlossen. Dabei soll Azazel »in den Feuerpfuhl geworfen werden. Heil die Erde, die die Engel verderbt haben, und verkünde der Erde Heilung ..., damit nicht alle Menschen umkämen durch all die geheimen Dinge, die die Wächter enthüllt und ihren Söhnen gelehrt hatten. Die ganze Erde war ja durch die von Azazel gelehrten Werke verderbt worden. Ihm schreib alle Sünden zu!«[50]

In Ägypten kannte man Eisen zuerst nur als meteoritisches Metall, als »schwarzes Eisen des Himmels«. Als man gelernt hatte, Eisenerz aus der Erde zu fördern und zu verhütten, hatte man es nicht mehr nur mit dem sakralen Himmel zu tun, sondern mit tellurischer Sakralität. Im Schoß der Erde »gewachsen«, wurden die Erze als vorzeitig geförderte Embryonen betrachtet. Bergwerke wurden als Gebärmutter der Erdmutter gesehen. Nur mit Reinheit, Fasten und Gebete umfassenden Riten durfte man sich diesem geheimnisvollen und gefährlichen Bereich nähern. Ähnliche Rituale begleiteten das Schmelzen, durch das der Handwerker anstelle der Erdmutter das »Wachstum« zur Vollendung brachte. Dementsprechend standen die Schmiede als »Meister des Feuers« hochgeachtet wie gefürchtet neben Schamanen und Medizinmännern[51].

Von einem geheimnisvollen, dem Land und dem Wasser zugehörenden Lehrer erzählt eine babylonische Sage. Sein Name ist Oanes. Er erscheint

50 Aus: Paul Rießler, Altjüdisches Schrifttum außerhalb der Bibel, Augsburg 1928, S. 359f. Anders die Bibel: Nach dem Frevel der Engel lehrt Gott Noah, die Arche zu zimmern (Gen. 6).

51 Nach: Eliade, Geschichte der religiösen Ideen I, Freiburg, Basel, Wien 1980 (3. Aufl.), S. 58–61.

mit Fischleib und menschlichen Füßen, ein menschliches Haupt unter dem Fischkopf. Er »pflegte den Tag bei den Menschen zuzubringen, nahm aber keine Speise zu sich zu dieser Zeit. Er brachte ihnen Schrift und Wissenschaft und Fertigkeiten aller Art. Er lehrte sie, Städte zu bauen und Tempel zu errichten. Er führte sie in die Gesetze ein und lehrte Geometrie. Er zeigte ihnen Samen und Früchte zu sammeln. Kurz, er brachte ihnen alles, was sich im täglichen Leben den Menschen geziemt. Seit jener Zeit ist nichts darüber hinaus erfunden worden. Und wenn die Sonne unterging, zog sich dieses Wesen ins Wasser zurück und verbrachte die Nacht in der Tiefe«.[52]

Auch in der Bibel erscheint Gott einmal als Lehrer des Handwerks, das Heiligtum betreffend: ». . . Siehe, ich habe mit Namen berufen Bezalel, . . ., und habe ihn erfüllt mit dem Geist Gottes, mit Weisheit und Verstand und Erkenntnis und mit aller Geschicklichkeit, kunstreich zu arbeiten in Gold, Silber und Kupfer, kunstreich Steine zu schneiden und kunstreich zu schnitzen in Holz, . . ., und habe allen Künstlern die Weisheit ins Herz gegeben, daß sie alles machen können, was ich dir (Mose) geboten habe: die Stiftshütte, die Lade, . . . (es folgt die Aufzählung aller Kultgeräte) . . ., das Salböl und das Räucherwerk von Spezerei für das Heiligtum. Ganz so, wie ich dir geboten habe, sollen sie es machen« (Ex. 31,1–11).

Die nüchterne (Herrschafts)beziehung zwischen dem Handwerker und seinem Werk wird zum Gleichnis für die Beziehung Gottes zu seinem Volk. Oder umgekehrt: ». . . Siehe, wie der Ton in des Töpfers Hand, so seid auch ihr vom Hause Israel in meiner Hand« (Jer. 18,6, vgl. auch Jes. 29,16).

Wie ein Ingenieur des 19. Jahrhunderts von seiner Lokomotive gesprochen haben mag, spricht bei Hiob Gott von seinem Werk: »Siehe da den Behemot, den ich geschaffen habe wie auch dich! Er frißt Gras wie ein Rind. Siehe, welch eine Kraft ist in seinen Lenden und welch eine Stärke in den Muskeln seines Bauches! Sein Schwanz streckt sich wie eine Zeder; die Sehnen seiner Schenkel sind dicht geflochten. Seine Knochen sind wie eherne Röhren, seine Gebeine wie eiserne Stäbe« (Hiob 40,15ff).

Eine Geschiche aus der Tradition des Konfuzius[53]: Ein Weiser traf einen Bauern, der mühevoll mit einem Eimer sein Feld bewässerte. Er fragte ihn, ob er nicht lieber ein Schaufelrad benutzen wolle. Er erklärte ihm, was es

52 Übersetzung einer von Berossos im 3. Jh. v.Chr. überlieferten griechischen Fassung. Zu finden in: Felix Jacobi, Fragmente der griechischen Historiker III, Leiden 1958, S. 368f.

53 Nach der mündlichen Erzählung eines Kollegen, Fundort unbekannt.

mit einem solchen Schaufelrad auf sich hat, und bot sich an, ihm beim Bau zu helfen. In zwei Tagen könnten sie es fertig haben. Der Bauer überlegte lange und sagte schließlich: »Das ist ein listiges Gerät. Ich will es nicht bauen. Denn wenn ich listig werde gegen das Wasser, werde ich auch listig gegen meine Kinder und gegen meine Nachbarn und gegen den König und gegen meine Seele.«

Schließlich ein Beitrag des Amerikaners Robert M. Pirsig zur »Kunst, ein Motorrad zu warten«: »Der Buddha, die Gottheit wohnt in den Schaltungen eines Digitalrechners oder den Zahnrädern eines Motorradgetriebes genauso bequem wie auf einem Berggipfel oder im Kelch einer Blüte. Wer das nicht wahrhaben will, erniedrigt den Buddha – und damit sich selbst.«[54]

Pirsig denkt darüber nach, wie es kommt, daß seine Freunde auf einer gemeinsamen Motorradreise mit ihrem Fahrzeug unsensibel umgehen, uninteressiert an seiner Wartung, es nur als Instrument benutzen (übrigens auch eher rasen als reisen wollen). Er unterscheidet die »klassische« und die »romantische Anschauung« der Welt. Die klassische Anschauung nimmt die Welt rational wahr, naturwissenschaftlich arbeitend. »Die romantische Anschauungsweise ist vorwiegend durch Inspiration und Phantasie bedingt, kreativ und intuitiv. Gefühle sind wichtiger als Fakten.« Tritt innerhalb der klassischen Anschauungsweise der Romantiker auf, wirkt er »frivol, irrational, erratisch, unzuverlässig, vorwiegend auf Lustgewinn aus«. Bekommt umgekehrt der Romantiker es mit Technik zu tun, ist sie ihm zuerst gleichgültig. In kritischen Situationen aber, z.B. bei mehr oder weniger gewichtigen Störungen, zeigen sich hinter der Gleichgültigkeit Angst und Haß (u.a. S. 73ff).

Soviel der Beispiele. Sie zeigen eine Vielfalt der Einstellungen, die – trotz ihrer meist archaischen Gestalt – allesamt nicht veraltet sind, weil sie sich 1. in unseren von Vergötzung bis Verteufelung der Technik reichenden Einstellungen wiederfinden[55] und weil also 2. die mit Gen. 1 begonnene

54 Pirsig, a.a.O. (Anm. 46), S. 24.

55 Faszination und Angst sind allemal dabei: Einem Schreinermeister, der bei uns einen Wandschrank anbringen sollte, war eine Steckdose im Wege. Er wollte deshalb die Arbeit unterbrechen und einen Elektriker bestellen. Den Vorschlag, die Dose selbst zu versetzen, wies er zurück, nicht unter Berufung auf Handwerkerkonventionen und Gesetze, sondern in spürbarer emotionaler Betroffenheit. Ich erledigte das schließlich alleine

und in der Aufklärung weitergeführte Entmythologisierung der Welt uns keineswegs zu einem eindeutig nüchternen und rationalen Umgang mit der Technik geführt hat. Die daraus resultierende Auffassung, die die Beziehung zur Technik wesentlich als Thema der Ethik sieht, als Aufgabe, Maßstäbe und Grenzen zu setzen, ist ebenso wirkungsschwach wie theologisch platt gegenüber der Vielfalt dieser Symbole.

Die Skala der überlieferten Einstellungen reicht von der Hoffnung auf Erlösung von der Technik (Henoch) bis zur mystischen Erfahrung der Gottheit im Räderwerk (Pirsig). Für eine christlich theologische Beurteilung scheint mir wesentlich, daß die Ambivalenzen nicht aufgelöst werden. Wo immer wir Gott suchen und finden, in der Natur, im Nächsten oder im technischen Gerät: Überall begegnet er uns als der Nahe und Ferne, Liebende und Zornige, Leidende und Erlösende. Er ist überall zu finden, aber nirgends zu handhaben.

Menschenbilder – Gottesbilder

Die homines faber, ludens und religiosus sind nicht klar definiert. So will ich sie vorstellen, wie sie mir begegnen.

Homo faber sichtet, ordnet und konstruiert zweckrational, um etwas ins Werk zu setzen zu seinem Nutzen und zu seiner Ehre. Mitunter auch zu Gottes Ehre. Denn er ist selten wirklich Atheist. Eher glaubt er an den Gott, von dem sich sagen läßt: »Am Anfang war die Tat.« Mit ihm verbündet oder gegen ihn will er sein Potential nutzen, die Erde zu kultivieren, sie sich »untertan« zu machen, durchaus auch, sie »zu bebauen und bewahren«. Sein Ziel ist die bessere Zukunft. Seine Gefährdung sind Hybris, Gigantomanie, Selbstzerstörung.

Ähnlich weiß die Bibel von Gott zu reden, im Neuen, besonders im Alten Testament. Er ist der Schöpfer, der Schöpfung gegenüber. Zwar weniger durch die Tat, mehr durch das Wort wirkt er jedenfalls gestaltend. Die Erde ist sinnreich geordnet und gegen Schaden gesichert, z.B. durch das Firmament. Seine Herrschaft, die Subjekt-Objekt-Beziehung, läßt er sich

und sah darin nicht die Spur eines Problems, zumal es durch Verkürzung eines über Putz gelegten Kabels sehr einfach zu tun war. Er beobachtete das mit sichtlicher Angst. Offenbar war ihm ein elektrischer Anschluß so unheimlich wie mir drei Tage später seine Hobelmaschine.

keineswegs streitig machen, wohl sich selber Grenzen setzend, z.B. im Noah-Bund (Gen. 8,21f), aber auch Zerstörung androhend und bewirkend. Und das Ziel, das Himmlische Jerusalem, ist in Offb. 21,10ff – anders als in 21,1ff – beschrieben wie ein Bauwerk.

Und die Beziehung des homo faber zum Auto? Da gibt es wohl Varianten. Jedenfalls ist es ihm zuerst Verkehrsmittel. Ohne ihn wäre es vielleicht auch – vom ludens – erfunden worden, aber es wäre nicht so konsequent weiterentwickelt worden. Er weiß es zu warten; es macht ihm aber nichts aus, ist ihm manchmal wohl lieber, das dem Chauffeur oder der Werkstatt zu überlassen. Am Geländewagen ist er normalerweise – wenn er nicht gerade in der Wüste ein Wasserwerk baut – ebenso wenig interessiert wie am Sportwagen, denn das wären Spielzeuge. Im Zweifelsfalle freilich, wenn es um Termine und andere hohe Ziele geht, ist ihm der Motor wichtiger als die Bremse.

Homo ludens steht dem faber in technischem Sinn und Sachverstand keineswegs nach. Er geht vielleicht mit mehr Phantasie ans Werk, dem er sich mit Vergnügen und Trotz widmet, mit Sinn und Sorgfalt für jedes Detail. Auch er will fertig werden, ein technisches Problem läßt ihm keine Ruhe, bevor es gelöst ist. Aber danach fasziniert ihn eine neu gegenwärtige Beschäftigung mehr als das gestrige Ergebnis. Gott sucht er eher in der unendlichen Vielfalt des Mikrokosmos als in der Größe des Alls oder im Fortschritt. Seine Gefährdung sind die Sucht und die Mißachtung der Spielregeln. Zwar scheint es zunächst ein Hauptspaß zu sein, die Spielregeln auch mal zu übertreten, aber es wird dann bestenfalls reizlos, schlimmstenfalls tödlich.

Dementsprechend erscheint der in der weisheitlichen Literatur gepriesene Gott freundlicher und zugänglicher als der ernste Gott der Propheten. Ps. 104 z.B., die Sprüche, Hiob 40 und 41 (auch Gen. 2) zeugen von der Freude des Schöpfers und der Geschöpfe an der Vielfalt der Schöpfung. Aber ist er verläßlich? Eben diesen (!) Gott fordert Hiob wegen der Verletzung der Spielregeln in die Schranken. Seine Gegenwart bietet er den Menschen im »Reich Gottes ... mitten unter euch« (Luk. 17,21), zwar wohl noch nicht als Vollendung und die Zukunft nur partiell vorweggebend, aber eben die Gegenwart segnend.

Als Lieblingsfahrzeug kommt für ludens die Vielfalt der Spielzeuge in Frage: Porsche wie Ente, Landrover, Mercedes SE und natürlich ein Motorrad. Technisch am System wie am Detail interessiert, mit Werksinn zweckrational selber machend, soweit er dazu fähig ist. Manchmal auch darüber hinaus. Die Polizei fürchtet er nicht sonderlich, zumal wenn er mit seinem Gott auf freundschaftlichem Fuße steht, ihn vielleicht auch Glück oder Kismet nennend. Ernstlich Gott zu versuchen, ist normalerweise nicht seine Sache, gehört eher zum faber, aber ein Spiel mit den Göttern oder dem Schicksal geht er schon mal ein. Kommt es zur Sucht, kostet das Spielzeug mehr Zeit oder Geld als der Familie lieb ist.

Homo religiosus erlebt sich in Beziehung zu den Menschen, zur Natur und auch zum technischen Gerät. Wie zur Welt so auch zu Gott kann diese Beziehung personal wechselseitig oder mystisch sein. Seine Gefährdung bei eher personaler Beziehung ist das manipulative Spiel mit Macht und Ohnmacht, bei mystischer Tendenz die symbiotische Verschmelzung.

Dem entspricht entweder das Zeugnis von Gott als Vater und Richter, als Weggenosse, Bruder, Retter, Gekreuzigter und Auferstandener. Oder von Gott, der alles in allem ist, uns von allen Seiten umgibt (Ps. 139), oder als Tiefe des Seins. Gott, der in der einen wie der anderen Weise auch unerreichbar fern oder bedrohlich nah sein kann.

Auto oder Motorrad sind dem homo religiosus Freund, Kumpel (wehe, wenn er einen im Stich läßt!), oder Geliebte. Letzteres, sofern er Mann ist; haben auch Frauen erotische Beziehungen zum Fahrzeug?[56] Er pflegt sie, sie haben es gut bei ihm. Seine Beziehung zu ihrer Technik ist zwiespältig, in ihrer Faszination ist Technik anziehend oder bedrohlich (vgl. die Lokomotive), und wenn sie ihm – wie häufig – gleichgültig ist: Ist es wirklich Gleichgültigkeit oder eher Angst? Ihre Zweckrationalität ist ihm suspekt. Er käme ja auch nicht auf die Idee, die Liebe seiner Braut psychologisch oder medizinisch zu analysieren. Bedenklich wird es erst, wenn das Auto oder Motorrad zum Götzen wird oder zum Kind. Als Götze soll es ihm das Erlebnis des fahrenden Gottes vermitteln. Als Kind wird es zu oft gewaschen.

Natürlich kommen die drei niemals in reiner Form vor. Jeder hat mehr oder weniger von allen Dreien in sich. Mehr oder weniger ist gut. Auf Ausgewogenheit kommt es wahrlich nicht an, aber auf Integration. Denn

56 Das Waschen jedenfalls – traditionellerweise sonst Aufgabe der Mütter – scheint beim Auto männliche Lieblingsbeschäftigung zu sein.

wenn Teile in uns abgespalten sind und verkümmern, kommt es zu den kulturellen und psychischen Schizophrenien, die oben andeutungsweise beschrieben sind, z.B. im mißlingenden Dialog zwischen Technikern und Theologen.

Als Hypothese hatte ich formuliert: Wenn homo faber den homo religiosus integriert, hat ludens eine Chance. Das muß präzisiert werden:

Durch solche Integration kann faber seine Rationalität und Zukunftsorientierung behalten. Dazu kann er sich gelassen Liebe zum Detail und zu einer Vielfalt von Zielen leisten. Gegen seine Gefährdung mag er beten: »Vergib uns unsere Schuld . . . und führe uns nicht in Versuchung, sondern erlöse uns von dem Bösen.«

Wenn ludens den religiosus integriert, kann er seine Phantasie und die Liebe zu vielen Details behalten. Zugleich aber kann er den Ernst des Spiels und der Spielregeln wahrnehmen und würde vielleicht zuverlässiger und sicherer. Gegen die Beliebigkeit kann er beten: »Und der Herr sei uns freundlich und fördere das Werk unserer Hände bei uns. Ja, das Werk unserer Hände wollest du fördern« (Ps. 90).

Und homo religiosus?

Wenn damit symbolisch eine Dimension menschlichen Lebens bezeichnet ist, macht es keinen Sinn, dem religiosus Integration zu empfehlen, er kommt dann ja nur als faber oder ludens vor.

Wenn damit aber – wie hier – ein Typ oder ein Anteil in uns beschrieben ist, muß man natürlich Integration anraten. Er mag dann von ludens und faber den Sinn für die Dinge lernen, denn sonst betriebe er Religion (auch Theologie) als sein Metier eben unbewußt nach Art des faber, also als Klerikalismus in dogmatischem oder moralistischem Gewand oder nach Art des ludens als l'art pour l'art.[57]

Soviel der grundsätzlichen Überlegungen, deren Ausgangsfrage war, welchen Beitrag Theologie zur technischen Sicherheit zu leisten vermag.

57 Wir stoßen hier auf eine Schwierigkeit. Ich will hier den Begriff »homo religiosus« ebenso integrativ in bezug zu den Begriffen »homo faber« und »homo ludens« verwenden wie im Kapitel II »Pilgerreise« in bezug zu »wilde Jagd« und »Fahrt ins Blaue«. Das muß aber verdächtig wirken, weil es eine Gruppe von Menschen gibt, die diese Dimension menschlichen Lebens zu ihrem Beruf machen, z.B. uns Theologen. Wir haben es hier mit einem symboltheoretischen Problem zu tun, das zu bedenken ist auch im Blick

Damit verbunden ist die Hoffnung auf Eindämmung von Unfällen, die verursacht werden durch technische Mängel oder unsachgemäßen Umgang mit Technik. Die Skala solcher Ursachen reicht von falscher Prioritätensetzung bei der Herstellung über Fehlleistungen in Werkstätten und Unachtsamkeit der Fahrzeughalter bis zur Unsensibilität beim Beladen des Wagens. Hier ist die Frage, wieweit dabei eine unzuträgliche Einstellung zur Technik im Spiel ist: Mangelnde Liebe nicht nur zu Menschen und zur Natur, sondern eben zur Technik.

Drei diesbezügliche Erinnerungen erschrecken mich immer noch:

Auf einer Fahrt in den Süden trat eine Unregelmäßigkeit an einer Vorderradbremse auf. Ich ließ sie reparieren kurz vor den Alpen. Bei der Bremsprobe in dieser Werkstatt flogen die Kolben beider Hinterradbremsen aus ihren Zylindern. In der heimischen Werkstatt hatten sie für PKW bestimmte Kolben eingebaut, die für meinen Kombi zu klein waren. Ohne die Panne im Vorderrad wäre ich damit über die Hohen Tauern gefahren.

Ich hatte neue Reifen aufziehen lassen, am nächsten Morgen war einer platt. Der Mechaniker reinigte die Felge und zog ihn wieder auf. Nach einer rasenden Fahrt von Süddeutschland nach Hamburg ließ ich den Wagen über Nacht stehen. Am Morgen war der Reifen wieder platt. Der Mann in der norddeutschen Werkstatt nahm ihn von der Felge und wurde bleich: »Wo ist denn der Schlauch?« Ich hatte schlauchlose Reifen bestellt und herkömmliche Mäntel schlauchlos bekommen.

Nachdem mein Motorrad in einer Werkstatt eine neue Kette bekommen hatte, wollte ich starten. Der Kickstarter fiel zu Boden. Im Torweg der

auf die Praxis der Verkündigung, Seelsorge und Lehre. Schlicht gesagt: Ich hoffe gezeigt zu haben, daß Spiritualität und Theologie einen Beitrag leisten können zu einer der Sicherheit dienlichen Einstellung zur Technik; damit ist der Gläubige und Theologe aber noch kein sicherer Fahrer oder Techniker.

»Homo faber«, »homo ludens« und »homo religiosus« sind eben keine Symbole wie »Pilgerreise« usw. »Spiel« ist ein Symbol, weil es eine konkrete, begrenzte Tätigkeit bezeichnet und zugleich über diese hinausweist und einlädt, an vielerlei Lebensbereiche, das ganze Leben, den Kosmos zu denken. Umgekehrt: Weil es bestimmte Seiten der Wirklichkeit erschließt, wenn man sie mit Hilfe dieses Symbols deutet.

»Schaffen« und »Glaube« sind aber keine Symbole, sondern der Umgang mit ihnen. Eben deshalb sind die Überlegungen dieses Kapitels, anders als in Kapitel II und III, auch noch kein Umgang mit Symbolen, sondern die Suche nach ihnen mit Hilfe der symbolträchtigen Begriffe »homo faber« und »homo ludens«.

Werkstatt sah ich auf der Straße ein Auto kommen und zog die Handbremse: ohne Wirkung. Nach erneuter Rückkehr in die Werkstatt und endlich unterwegs, benutzte ich an der ersten Kreuzung die Fußbremse: kein Effekt, der Bowdenzug hing locker umher. Ich brachte das selbst in Ordnung und kam schließlich nach Hause: Da hatte die Kette den falsch angebrachten Kettenkasten aufgeschlitzt.

»Warum diese Pfuscherei?« fragt R. M. Pirsig[58], nachdem er von ähnlichen Erfahrungen erzählt hat:

»Das waren doch keine Leute, die vor der Technik davonlaufen wie John und Sylvia. Das waren die Techniker selbst. Sie nahmen sich eine Arbeit vor, und was dabei herauskam, hätte auch ein Schimpanse zustande gebracht. Keinerlei persönliches Interesse. Es gab keinen einleuchtenden Grund dafür.

Das Radio war ein Anhaltspunkt. Man kann genaugenommen nicht angestrengt über eine Sache nachdenken, an der man gerade arbeitet, und gleichzeitig Radio hören. Aber vielleicht sahen sie in ihrer Arbeit keinen Anlaß zu angestrengtem Nachdenken, sondern nur eine Gelegenheit, mit einem Schraubenschlüssel herumzuspielen. Mit einem Schraubenschlüssel herumzuspielen und dabei Radio zu hören, macht natürlich mehr Spaß.

Auch ihr Tempo war ein Anhaltspunkt. Sie warfen in ihrer Hast die Sachen hierhin und dorthin und wußten zum Schluß nicht mehr, wo sie sie hingeworfen hatten. . . .

Aber den wichtigsten Hinweis gab wohl ihr ganzes Gehabe. Das ist schwer zu beschreiben. Gutmütig, freundlich, lässig – und unbeteiligt. Sie wirkten wie Zuschauer. Man hatte den Eindruck, sie wären selber gerade erst hereingeschlendert gekommen, und jemand hätte ihnen einen Schraubenschlüssel in die Hand gedrückt. Keine Spur von Identifikation mit ihrer Arbeit. Keiner schien zu sagen: ›Ich bin Mechaniker.‹ . . .

Auf ihre Art erreichten sie dasselbe wie John und Sylvia, nämlich mit der Technik zu leben, ohne etwas mit ihr zu tun zu haben. Oder besser gesagt, sie hatten damit zu tun, aber ihr eigentliches Selbst blieb draußen, unberührt, distanziert. Sie hatten damit zu tun, aber es lag ihnen nichts daran, es fehlte ihnen die Liebe zur Sache.

58 A.a.O. S. 32f.

Bei der Arbeit dachte ich über dieselbe Lieblosigkeit in den Digitalrechner-Handbüchern nach, die ich redigierte. Mit dem Schreiben und Redigieren technischer Handbücher verdiene ich in den restlichen elf Monaten des Jahres meinen Lebensunterhalt, und ich wußte, daß sie voller Fehler, Unklarheiten und Auslassungen steckten und so total konfus waren, daß man sie sechsmal lesen mußte, um einigermaßen klarzukommen. Aber zum ersten Mal bemerkte ich jetzt die Übereinstimmung zwischen diesen Handbüchern und der Zuschauer-Einstellung, die ich in der Werkstatt erlebt hatte. Das waren Zuschauer-Handbücher. Es lag in ihrer ganzen Machart. Aus jeder Zeile spricht die Auffassung: ›Hier ist die Maschine, zeitlich und räumlich von allem anderen im Universum getrennt. Sie hat keine Beziehung zu Ihnen, Sie haben keine Beziehung zu ihr, außer daß Sie bestimmte Schalter betätigen.‹ . . .

Und ich kam darauf, daß es überhaupt kein Handbuch gibt, das sich damit befaßt, worauf es bei der Motorradwartung wirklich ankommt, mit dem allerwichtigsten Aspekt. Daß man mit Liebe zur Sache an seine Arbeit herangeht, wird entweder für nebensächlich gehalten oder als selbstverständlich vorausgesetzt.

Ich denke, wir sollten das auf dieser Fahrt beachten, es ein wenig erforschen, um zu sehen, ob wir in dieser sonderbaren Trennung dessen, was der Mensch ist, von dem, was der Mensch tut, nicht den einen oder anderen Hinweis darauf finden, was zum Teufel in diesem zwanzigsten Jahrhundert schiefgelaufen ist.«

Was ist »schiefgelaufen«? Ein wesentlicher Faktor ist wohl die schizophrene Einstellung zur Technik, wie ich sie zu beschreiben versucht habe, nicht unähnlich der Darstellung Pirsigs. Es handelt sich nicht nur um die ambivalente Erfahrung der heilsamen und bedrohlichen Seiten der Technik, mit Vergötzung und Verteufelung als extremen Ausdrucksmöglichkeiten. Es handelt sich um Wertschätzung auf der einen und Desinteresse auf der anderen Seite. Beide geben sich nüchtern. Die Wertschätzung entpuppt sich freilich oft als Aberglaube an die Machbarkeit konsumierbaren Glücks, das Desinteresse entpuppt sich als Angst oder Aggression, sobald wirklich etwas schief geht. Dann entsteht die Forderung, der Hybris Grenzen zu setzen und nur noch Maßvolles, Nützliches zu machen, als ob es nicht auch hybride wäre, von Menschen zu fordern, nur noch Gutes zu produzieren. Mehr oder weniger Technik: In beiden Fällen ist die Frage, ob wir genug Glauben haben, die Ambivalenz des Fortschritts oder die Ambivalenz der Beschränkung zu riskieren.

Konkret: Wir erwarten und bekommen von der Technik die Erweiterung unserer Entfaltungsmöglichkeiten, die Sicherung und Verlängerung unseres Lebens. Auf der anderen Seite wird sie als fremd erlebt, tot, menschenfeindlich. Auf der einen Seite erwarten wir Komfort, Reichtum, Beweglichkeit usw., kaum wahrnehmend, daß all dies auch etwas mit unserer Seele zu tun hat. Was die Seele braucht, holen wir uns andererseits aus der Beziehung zu Menschen, zur Natur oder zur Kunst. »Ich finde Gott in der Natur« spricht sich leicht, als unverbindliches Geschwätz oder verbindliche Mystik. Man darf ihn in der Musik finden, in einem Gemälde, in der Liebe zwischen dir und mir, auch in sich selbst. Aber im Uhrwerk? Im Räderwerk einer Lokomotive? Im Computer? Vor derlei, meinen wir, müsse er eher in Schutz genommen werden. Vielleicht wäre es heilsam, ihn auch dort zu suchen, natürlich nicht als handlichen »lieben Gott«, sondern mit Liebe und Furcht.

Wenn die Überlegungen dieses Kapitels beitragen können zur Überwindung dieser Spaltung, dann wäre eben dies der Beitrag, den Theologie zur Sicherheit zu leisten vermag, neben denen von Naturwissenschaft, Technologie, Handwerkskunst und Gesetzgebung. Es wäre der Beitrag zu einer Einstellung, die Sachkompetenz, Rationalität, Sorgfalt und Einfühlungsvermögen in sich vereinigt: Einfühlungsvermögen als Sinn für alle Details und das System, mit dem ich umgehe, in das ich mich vielleicht sogar hineinversetzen kann.

Zwei Widerstände müssen dabei in Rechnung gestellt werden: Die Entwicklung der Technik in Richtung auf immer mehr Komplexität und Unanschaulichkeit und die Vielfalt unserer Zivilisation, die eine Fülle von Betätigungsfeldern bietet.

Was die Unanschaulichkeit betrifft, so finde ich das Auto irgendwo zwischen Dampfmaschine und Computer. Die Dampfmaschine fasziniert, zur Identifikation einladend durch ihre Größe, Kraft und sichtbare Bewegung. Der Computer ist unanschaulich, Einfühlung, gar Identifikation ausschließend. Aber auch von ihm geht Faszination aus, wenn er in kleinstem Raum in unvorstellbarer Schnelligkeit mehr errechnet, als unsere Phantasie zu fassen vermag. Über diese Art der Faszination und ihre spirituelle

Dimension will ich hier nicht reden, weil das nicht zum Thema gehört.

Was das Auto betrifft, so kann natürlich jeder Fahrer lernen, was zu seiner Wartung normalerweise nötig ist. Aber man kann sich auch dem Holz widmen oder der Elektrizität, mit Stoff oder Papier umgehen oder Steinen. So sehr ich es für eine Verarmung halte, wenn wir unseren Sinn für Material und handwerklichen Umgang mit ihm verkümmern lassen und nur der Natur und dem Unsichtbaren Liebe entgegenbringen, so wenig will ich hier nahelegen, zum sachkundigen Kfz-Enthusiasten zu werden. Der spirituelle Sinn für das Ganze und für das Detail mag uns helfen, die Liebe zum einen, vertrauteren, auf das andere, fremdere zu übertragen. Es kommt ja auch vor, daß ein Schreiner den Maurer achtet wie mancher Maler den Musiker.

Es geht also nicht unbedingt um die »Kunst, ein Motorrad zu warten«, es geht jedenfalls um die Kunst, es sorgsam warten zu lassen. Auch wenn man nichts selber machen will, gehören dazu Liebe und Wahrnehmungsfähigkeit. Störende Geräusche oder Leistungsabfall im Motor registriert jeder. Was gefährlich werden kann, spürt man freilich eher an den Pedalen und am Lenker oder hört es an Geräuschen im Fahrwerk. Der Schritt von der Frage, »Was wird das nun wieder kosten?« zu der Frage, »Was ist da denn los?« ist ein Schritt in der hier intendierten Richtung und dient der Sicherheit. Man fragt auch einen kranken Freund nicht zuerst: »Wieviel zahlt deine Kasse?« Auch wenn man kein Arzt ist, fragt man: »Wo tut es dir weh?«[59]

59 Daß eine gleichsam personale Beziehung zum Fahrzeug auch gefährliche Gestalt annehmen kann, wurde oben bei der Charakterisierung der homines faber, ludens und religiosus schon gesagt. Auf die von K. P. Jörns eindrücklich beschriebene Gefahr einer symbiotischen Beziehung zum Auto als Muttersatz wurde hingewiesen (s.o. Anm. 23).

Jörns folgert daraus, daß eine sachliche Beziehung zum »Automobil als Fahrzeug (wie ein Werkzeug also)« anzustreben und das Selbstwertgefühl aus Beziehungen zu Menschen zu gewinnen sei. Gegen diese Schlußfolgerung erhebe ich zwar nicht entschiedenen Protest, wohl aber skeptische Bedenken: Ist eine solche Beziehung möglich? Ist sie erstrebenswert? Ich habe – und erstrebe – auch zu meinem Haus, meinen Möbeln, meinem Geschirr usw. keine rein sachliche Beziehung. Umgekehrt und als Analogie: In der Beziehung zu anderen Menschen ist die Alternative zur Symbiose nicht Sachlichkeit, sondern Personalität. Ich vermute, daß auch in unserer Beziehung zu Dingen »Sachlichkeit« nur ein Euphemismus für Herrschaft ist, mit Allmachts- und Ohnmachtserfahrungen als Folge.

V HANDEL UND WANDEL

Exkurs zu ökonomischen Gesichtspunkten

Über ökonomische Faktoren in allen Bereichen des Verkehrs – z.B. Fahrzeugbau und -wartung, Fahrverhalten, Gesetzgebung – müßte ebenso ausführlich nachgedacht werden, wie z.B. über die Technik und die Beziehung des Theologen und Autofahrers zu ihr. Denn wirtschaftliche Gegebenheiten und Interessen entscheiden mit darüber, welche technischen Möglichkeiten wie nutzbar gemacht und genutzt werden. Auch unfallträchtige Fahrweise kann auf individuelle ökonomische Interessen oder überindividuell verursachten ökonomischen Druck zurückzuführen sein. Das Thema ist zu wichtig, als daß es übergangen werden dürfte. Und es ist zu wichtig, als daß es ohne Kompetenz behandelt werden sollte. Da ich von Wirtschaft noch weniger verstehe als von Technik, beschränke ich mich also auf einen Exkurs. Um als Theologe zu diesem Thema Sinnvolles zu sagen, bedarf es sicherlich nicht wirtschaftswissenschaftlicher oder kaufmännischer Fachkenntnisse. Aber es bedarf des Verständnisses und der Sensibilität, in wirtschaftlichen Abläufen mehr zu entdecken als nur Herausforderungen zur ethischen Frage nach Gut und Böse.

Auch hier liegt die Versuchung nahe, von außen und also richtend zu argumentieren, daß Sicherheit, Gesundheit oder andere menschliche Werte nicht wirtschaftlichen Interessen geopfert werden dürfen. Mit dieser Aussage verhält es sich wie mit dem von außen kommenden Urteil, daß es ungut oder gegen Gottes Willen sei, technisch alles Machbare zu machen ohne Rücksicht auf ethische Werte. Die Aussage ist zweifellos richtig. Niemand bestreitet sie, und sie hilft keinem. Sie wird weder der ökonomischen Wissenschaft gerecht noch dem Kaufmann, und gegebenenfalls handelt es sich um faule Theologie. Ein solcher Appell übergeht schamhaft, daß auch wirtschaftliches Vermögen ein »menschlicher« Wert ist. Er nützt dem Politiker nicht, der ABS-Bremsen mindestens für Tanklastzüge gesetzlich vorschreiben will, aber nicht überblickt, welcher politische Preis dafür zu zahlen ist. Er nützt dem Manager nicht, der solche Bremsen auch für Kleinwagen entwickeln lassen könnte und weiß, daß sie irgend jemand bezahlen muß. Der Appell wird noch nicht einmal dem Transportunternehmer gerecht, der meint, im Konkurrenzdruck seine Angestellten nötigen zu müssen, länger und schneller zu fahren als erlaubt und gut ist. Er dient schließlich dem Fahrer nicht, der sich bei Unterlassungs- oder Übertretungssünden auf die Drohungen seines Chefs beruft und sich nicht im klaren darüber ist, wieweit er dabei ehrlich ist, und wieweit er damit ganz andere Motive überdeckt.

Die Beispiele zeigen, daß wir es weder mit Sachzwängen zu tun haben noch mit einfachen Herausforderungen zu individuellem verantwortlichem Handeln. Selbstverständlich ist Ethik impliziert. Es geht letztlich um verantwortliche individuelle und politische Entscheidungen, die den Straßenverkehr erheblich sicherer machen würden.

Bezüglich der Sicherheit der Personenwagen sehe ich wesentliche ökonomische Implikationen einerseits, wenn in grundsätzlicher Diskussion die bedrohliche Zunahme von Autos und Autofahren mit der Wachstumsorientierung der Wirtschaft in Verbindung gebracht wird. Das läuft dann auf die Empfehlung bescheidenerer Lebensweise hinaus, mindestens auf die Begünstigung öffentlicher Verkehrsmittel. Andererseits weiß ich von einzelnen Geschäftsleuten, die Wartungen und Reparaturen verzögern, um dadurch ihre Bilanz ein wenig aufzubessern. Zwischen diesen Extremen des ganz Grundsätzlichen und eindeutig Individuellen sehe ich im Blick auf die Sicherheit der PKW kaum besonders brisante Themen, in deren Diskussion vornehmlich ökonomische Faktoren zu bedenken sind. Dazu mag beigetragen haben, daß das Interesse an Sicherheit die entsprechende Ausstattung der Autos profitabel gemacht hat. Ich bin mir dieser Einschätzung freilich nicht sicher.

Anders verhält es sich mit den Lastwagen. Ich schreibe diese Zeilen in Herborn, wenige Wochen nachdem die Explosion eines Tanklastzuges eine Straße am Rande der Innenstadt in ein Inferno verwandelt hatte[60]. Dieser

60 Am 6. Juni 1987 war ein Tanklastzug auf der langen abschüssigen Straße aus dem Westerwald außer Kontrolle geraten. In einer innerstädtischen Kurve stürzte er um. 34 000 Liter Benzin liefen aus und explodierten etwa 6 Minuten später. 6 Menschen erlitten tödliche Verbrennungen, viele andere wurden schwer verletzt, 16 Häuser verbrannten. Wäre das Benzin sofort explodiert, hätte es viel mehr Tote gegeben.

und eine Reihe ähnlicher Unfälle um dieselbe Zeit führten zu erneuten öffentlichen Diskussionen um den Transport gefährlicher Güter und die Sicherheit der Lastzüge. Es ist zu hoffen, daß die Debatte nicht verebbt, bevor nötige und mögliche Maßnahmen getroffen worden sind. Aus diesem Anlaß häufiger vorgenommene Kontrollen bestätigen, was man sowieso wußte, daß durch unterlassene Wartung, Übergewicht, Überschreitung der erlaubten Fahrzeit und Geschwindigkeit Gefahren entstehen, die eindeutig über das Maß schwer vermeidlicher Risiken hinausgehen. Dabei handelt es sich um Verhaltensweisen, die keinesfalls zu rechtfertigen sind und die in vielen (nicht allen) Fällen doch nicht einfach moralisch verurteilt werden können, sofern sie Reaktion auf einen Konkurrenzdruck sind, der einzelne verführt mitzuspielen, um nicht aussteigen zu müssen. Die Frage ist, warum es so wenig politischen Druck gibt, und woher der politische Druck kommen kann, diesem Spiel Einhalt zu gebieten und die Transportunternehmer von ihren eigenen Zwängen zu entlasten.

In der öffentlichen Diskussion geht es um zwei Probleme: Erstens gewähren die gesetzlichen Bestimmungen bezüglich der Fahrzeiten und der Ausstattung der Fahrzeuge einen Spielraum, der einen unzuträglichen Konkurrenzkampf möglich macht. Zweitens ist die Einhaltung der Bestimmungen offensichtlich kaum effektiv zu kontrollieren.

Laienhaft und das Recht des Außenstehenden in Anspruch nehmend, stellen sich mir zwei Fragen: 1. Wie kommt es, daß hier die Gewerkschaften so wenig Einfluß haben und für die Fahrer Arbeitsbedingungen hinnehmen, die sie in anderen Bereichen nicht tolerieren würden? Daß es sich

Die Ursache des Unfalls ist noch nicht gefunden worden. Das Ergebnis der Untersuchungen wird erst 1988 erwartet. Der Fall ist insofern exemplarisch, als er zeigt, daß es sich um ein komplexes Problem handelt und man sich vor einfachen Schuldzuweisungen hüten muß. Von sträflich leichtsinnigem Verhalten des Fahrers war nie die Rede. Öffentlich diskutiert wird der Verdacht, daß die neuartige elektronische Getriebeschaltung des Zugwagens störanfällig sein könnte und daß die Bremsen des schon bejahrten Aufliegers schadhaft gewesen sein mögen.
Die abschüssige Einfahrt in die Stadt ist inzwischen für schwere Fahrzeuge gesperrt, worüber anläßlich eines ähnlichen Unfalles schon früher diskutiert worden war. Diesen Unfall hätte eine frühere Sperrung allerdings nicht verhindern können. Der Fahrer wollte gar nicht in die Stadt hinein. Schon weit vor der Stadt erlaubte die Geschwindigkeit seines Fahrzeuges nicht mehr, in die Autobahnauffahrt einzubiegen. Nur ein Auslaufweg hätte nützen können.

hier nicht nur um Tarifverhandlungen, sondern um internationales Recht handelt, scheint mir als Erklärung nicht hinreichend. 2. Wie kommt es, daß die Fahrer die kontrollierenden Polizisten nicht als Bundesgenossen gegen Ausbeutung empfinden, sondern als Gegenspieler, die es auszutricksen gilt? Wirtschaftlicher Druck allein liefert keine Erklärung für solche Solidarität mit Konkurrenten und Unternehmern. Abenteuerlust? Ich weiß nicht, ob die Trucker-Romantik nur ein Thema Daheimgebliebener ist oder ob sie einen Teil der Berufsidentität der Fahrer ausmacht. Gegebenenfalls würde ich das keineswegs für albern halten. Denn auf Reisen hat man es eben mit Abenteuern zu tun. Dabei ist dann der Schritt von liebenswürdiger Spitzbüberei zu verantwortungslosem Leichtsinn sehr klein: »... There's an oncoming traffic light. But I don't see a cop in sight ... I'm a little overweight ... Six days on the road. And I'm gonna make it home tonight« (Dave Dudley)[61].

Welchen Beitrag können Kirche und Theologie hier leisten? Sofern es um ethische und moralische Fragen geht, wäre es schon weiterführend, wenn nicht nur destruktives Verhalten benannt und verurteilt würde. Traditionelle Theologie wußte die Verstrickung einzelner in schuldverursachende und mitverschuldete kollektive Zusammenhänge als Spannung von Gesetz und Evangelium, von Gericht und Gnade zu deuten. Die biblische Überlieferung läßt uns von solcher Entlastung des einzelnen mehr Impulse zu verantwortlichem Handeln erwarten als von überforderndem Druck.

Es geht aber auch bei diesem Komplex nicht nur um die ethische Frage, was nach Gottes Willen und zum Wohl der Menschen zu tun und zu lassen ist. Hochmütig würde damit der Theologe den wirtschaftenden Menschen nur als zu disziplinierenden Stiefbruder betrachten. Oft ist das nichts Besseres als die Projektion des eigenen schlechten Gewissens wegen der verschämten Partizipation am wirtschaftlichen Wohlstand. Wie in der Beziehung von Theologie und Technik scheint mir statt des skeptischen – ängstlichen oder aggressiven – Richtens auch hier ein sensibles, verständnisvol-

61 Immerhin hat sich in Herborn ein Trucker- und Country-Club mit mehr als 100 Lastwagen zu einer Wohltätigkeitsveranstaltung für die Opfer des Tankwagenunglücks angesagt. Über Angemessenheit oder Unangemessenheit dieser Veranstaltung wurde heftig gestritten.

les Sich-Einlassen auf wirtschaftliche Abläufe und auf die Motive kaufmännisch handelnder Menschen nötig. Auch hier gilt, daß man nicht kultivieren kann, was man nicht liebt. Und solange die Wirtschaft der Theologie eher disziplinierungsbedürftig als liebenswürdig erscheint, kann der Theologe kaum Gesprächspartner des Ökonomen sein und kaum Seelsorger des Kaufmanns, auch in dessen Eigenschaft als Hersteller, Reparateur, Halter oder Fahrer von Kraftfahrzeugen. Ich vermute, daß auch in diesem Bereich möglich ist, was ich im Bereich der Technik mit den Begriffen homo faber und homo ludens versucht habe, und daß sich daraus auch den Straßenverkehr betreffende Schlüsse ziehen lassen. Es gibt sicher ein ideologisches Wachstumsstreben kapitalistischer und sozialistischer Prägung. Ebenso gibt es das Interesse, in spielerischer Kompetenz wirtschaftliche Gesetze und Gesetzlichkeiten zu handhaben. Dabei stehen Gewinnstreben und Redlichkeit wohl regelmäßig in Spannung; die muß aber nicht immer zugunsten der Rücksichtslosigkeit auf Kosten der Menschenfreundlichkeit aufgelöst werden. Ich kenne Kaufleute, deren Interesse an gutem Verdienst ebenso groß ist wie ihr Ehrgeiz, es den Kunden recht zu machen.

Nachzudenken wäre hier darüber, daß in vielen Strömen der biblischen und theologischen Überlieferung die Beziehung zwischen Gott und den Menschen mit Begriffen des Handelns beschrieben wird. Möglicherweise finden sich dort Symbole zum besseren Verständnis des homo oeconomicus. Den Menschen als Händler gibt es ja nicht erst seit der Entstehung des (un)geliebten neuzeitlichen Kapitalismus. Seit jeher ist der Handel ein wichtiger Bereich des gesellschaftlichen Lebens und eine Seite des Menschen: Auch wo es nicht um Warentausch geht, wird das Leben zuweilen mit Kategorien des Handels betrachtet. Do ut des, Nutzen – Kosten, Vertragstreue und Vertragsbruch, wiegen und (zu leicht?) befinden: Wo so vom Leben gesprochen wird, geht es nicht automatisch gleich um Ausbeutung oder Vermarktung an sich nicht käuflicher Werte. Jedenfalls kann es nicht das Geschäft der Theologie sein, die Abspaltung des Ökonomen (wie des Technikers) in uns und unter uns (z.B. in den Kirchengemeinden) zu betreiben. Und die Kirche kann nicht nur Ausbeutung diskriminieren, sondern auch helfen, nützliche Dinge – wie z.B. ABS-Bremsen – attraktiv und damit verkäuflich zu machen.

Ich beschränke mich auf diese Andeutungen. Der Bereich der Wirtschaft ist mir nicht vertraut genug. Ich will auf das Thema und seine Wichtigkeit hinweisen in der Hoffnung, daß andere es weiterführen. Um sich als Gemeindepfarrerin oder -pfarrer die hier nötige Kompetenz zu erwerben, bedarf es wohl nicht wirtschaftswissenschaftlicher Studien. Es würde schon sehr viel weiter führen, wenn wir uns in den Gemeinden auf die Lebenserfahrungen von Kaufleuten – hier speziell die von professionell mit Autos beschäftigten – in einfühlsamer Gesprächsführung ebenso einließen, wie wir das in Beziehung zu Trauernden, Kranken, familiäre Konflikte Erlebenden gelernt haben. Es kommt darauf an, uns bei Gesprächen für diese Leute eben nicht nur in ihrer Eigenschaft als Konfirmandeneltern, Eheleute, Heranwachsende oder Alternde zu interessieren, sondern für ihre Erfahrungen als Taxifahrer, Kfz-Mechaniker oder Transportunternehmer ebenso viel Interesse zu zeigen. Die ambivalenten Erfahrungen mit ökonomischen Phänomenen sind ebenso Teil unseres Lebens wie die ambivalenten Erfahrungen mit Gesundheit und Krankheit, mit Partner- und Elternschaft oder mit dem Prozeß des Alterns[62]. Und wie die seelsorgerliche Hilfe zur Integration von Trauer beiträgt, neue Möglichkeiten sozialen Lebens zu entdecken, kann die sensible Hilfe zur Integration wirtschaftlicher Erfahrungen zu einem reiferen Verhalten im Verkehr beitragen.

62 Für viele jüngere Theologen gilt es als selbstverständlich,daß zum Verständnis unseres Lebens ökonomische Faktoren wichtig sind. Aber auch diese gesellschaftskritische Einstellung führt bei konkreten Begegnungen weniger zu engagiertem Interesse und eher zu Berührungsängsten. In langjähriger Praxis als Seelsorgelehrer sind mir kaum Protokolle von Gesprächen mit Kaufleuten begegnet, schon gar nicht über deren Arbeit. In einem Ausnahmefall hatte ein Vikar ein Gespräch mit dem Verkaufsleiter eines großen Betriebes dokumentiert. Der erzählte, wie sein tägliches Gebet ihm hilft, den Herausforderungen und Versuchungen seines Berufes zu begegnen, und wie er versucht, das ihm anvertraute Gut verantwortlich zu verwalten. Er bezog sich dabei auf Jesu Gleichnis von den anvertrauten Pfunden (Luk. 19,12–27). Der Vikar wies ihn auf Jesu Wort hin, daß man nicht zugleich Gott und dem Mammon dienen könne. Die laienhafte Auslegung des Gleichnisses ist verzeihlich. Peinlich die Reaktion eines Vikars, der sich auf einen Beruf vorbereitet, in dem es privat und dienstlich fünfstellige Summen zu verwalten gibt.

VI SIMUL IUSTUS ET PECCATOR – GERECHTER UND SÜNDER ZUGLEICH

Von Gottes Geboten, staatlichen Gesetzen und geschwisterlichen Ermahnungen

Ich will nicht mißverstanden werden: Mein weitgehender Verzicht auf moralische Argumentation und meine nicht selten eingeflochtene Polemik gegen moralisierende Tendenzen im theologischen Nachdenken sollen nicht bestreiten, daß wir es im Straßenverkehr auch mit Moral zu tun haben.

Zwar bleibe ich dabei, daß es in erster Linie nicht um das rechte Tun geht. Auch im Verkehr geht es um den rechten Glauben und um die Freiheit von und den Widerstand gegen verführerische Torheiten und Irrationalitäten. Andererseits ist klar und muß bedacht werden: Weder wurde alt- oder neutestamentlich ein Evangelium verkündet ohne Gebote. Noch kann es im Straßenverkehr einigermaßen verläßlich zugehen ohne Gesetze und ohne Moral. Deshalb liegt die Frage nahe, welcher christliche und kirchliche Beitrag zu einer angemessenen Gesetzgebung und zu moralischem Verhalten zu leisten ist. Die Frage ist schwierig zu beantworten. Ich will zunächst versuchen, mich einer Antwort durch drei unabhängig voneinander angestellte Beobachtungen zu nähern. Folgerungen sollen daraus im zweiten Teil dieses Kapitels gezogen werden.

Beobachtungen:

1. Die Sicherheit im Verkehr ist in hohem Maße davon abhängig,
– daß es angemessene Gesetze und Regeln gibt,
– daß diese einigermaßen eingehalten werden, auch wenn kein Polizist in der Nähe ist,
– daß wir uns als Fahrer im Bereich des gesetzlich Gewährten oder nicht Geregelten verantwortungsbewußt und rücksichtsvoll verhalten.

Dies alles klingt selbstverständlich und ist es offenbar doch nicht:

- Über die Angemessenheit bestimmter Gesetze wird kontrovers diskutiert, bevor sie erlassen werden und nachdem sie verabschiedet worden sind.
- Offenbar besteht die Versuchung, z.B. die gebotene Geschwindigkeit von 50 km/h in Ortschaften – mal mit, mal ohne schlechtes Gewissen – zu überschreiten, auch wenn man den guten Sinn dieses Gesetzes nicht bestreitet.
- Offenbar besteht z.B. auch für PKW-Fahrer die Versuchung, zu lange zu fahren, über die Grenze der Ermüdung hinaus.

Fragt man danach, welchen Beitrag hier die Kirche aufgrund des Überlieferungsschatzes der biblischen Gebote und der theologischen Ethik zu leisten vermag, so ist Vorsicht geboten. Selbstverständlich sind wir als Christen und Theologen beteiligt an der Suche nach guten Gesetzen und Verhaltensregeln und nach Hilfen zu diszipliniertem Verhalten. Aber die Theologie weist hier keine eindeutige Richtung.

Kennzeichnend für die neutestamentliche Tradition ist einerseits die Relativierung kultischer und ethischer Gesetze, andererseits deren Radikalisierung. Nur scheinbar stehen beide Tendenzen im Widerspruch zueinander, es handelt sich um eine unauflösliche, fruchtbare Spannung. Denn es ist dasselbe Liebesgebot, das Jesus z.B. das Sabbatgebot relativieren läßt »um des Menschen willen« (Mk. 2,27) und das ihn, das Gebot der Nächstenliebe radikalisierend, sagen läßt: »Ich aber sage euch: Liebt eure Feinde« (Matth. 5,44). In individuellen situativen Entscheidungen läßt sich diese Spannung fruchtbar machen. Aufschlußreich für unseren Zusammenhang scheint mir die Beobachtung zu sein, wie schwierig es offenbar ist, sie auszuhalten, wenn es darum geht, praktikable und verallgemeinerbare Verhaltensregeln zu formulieren und sie öffentlich zur Geltung zu bringen. Aus der Spannung wird dann leicht ein Widerstreit.

Schon im Neuen Testament ist in den ethischen Teilen der verschiedenen Schriften eher die eine oder die andere Tendenz wirksam geworden, wie z.B. ein Vergleich zwischen Matthäus und Paulus zeigt oder innerhalb der paulinischen Schriften, z.B. zwischen Röm. 14 und Gal. 5[63]. In der Ge-

63 Röm. 14 empfiehlt Rücksicht auf die »schwachen« Anhänger strenger Observanz der Gesetze. Gal. 5 proklamiert polemisch gegen die Gesetzeshüter Freiheit.

schichte der Kirchen und in der heutigen Ökumene läßt sich noch deutlicher beobachten, wie eher der Freiheit oder eher dem Gehorsam Priorität eingeräumt wird. Man vergleiche katholische mit puritanischen, lutherische mit reformierten Kirchen und die Lebensgewohnheiten und Normen in von ihnen geprägten Gesellschaften. Das zeigt noch einmal, wie wenig Selbstverständliches es im Bereich des Ethischen gibt und wie fatal es wäre, gerade von der Theologie einen Beitrag zur Eindeutigkeit der Maßstäbe für Gesetzgebung und gewissenhaftes Verhalten zu erwarten. Sie wäre damit nicht etwa überfordert, sie wäre vielmehr zur Selbstverleugnung herausgefordert, Trivialisierung oder Rechthaberei wären die Folgen, wie schon in der Einleitung gezeigt. Geprägt durch solche unterschiedlichen kirchlichen Traditionen oder unabhängig von ihnen, aber ihnen analog, finden sich beide Tendenzen regelmäßig auch in den Debatten zur staatlichen Gesetzgebung. Wo es um Tempolimit, Promillegrenzen und vieles andere geht, bestreitet niemand, daß Gesetze nötig sind und daß Sicherheit ein hoher Wert ist. Den Verlauf der Debatten bestimmt aber die grundsätzliche Kontroverse, daß die persönliche Freiheit nur im nötigen Maß zu begrenzen ist, bzw. daß um der Sicherheit willen eher strengere Gesetze nötig sind.

Sicherlich kann man sich auch mit theologischen Argumenten an diesem Wertestreit beteiligen. Natürlich kann – und muß man gelegentlich – sagen, daß durch zu viele oder zu strenge Gesetze Menschen über Menschen eine Herrschaft ausüben, die nur Gott zukommt. Natürlich kann – und muß man gelegentlich – umgekehrt sagen, daß die von Gott gestiftete Freiheit widergöttlich usurpiert wird, wo sie nicht als Liebe gewissenhaft praktiziert wird. So konsequent und theologisch redlich beide Argumentationen auch sind: Sinnvoll – und dann auch nötig – sind sie nur in gesellschaftspolitischen Situationen, in denen anthropologische Werte aktuell auf dem Spiel stehen und Grundsatzfragen gestellt werden müssen. Bei der Suche nach angemessenen Regeln und Gesetzen des Alltagslebens würden beide Argumentationen kaum weiterführen und eher zur Emotionalisierung der Debatten beitragen. Theologie kann hier eher helfen, das Bewußtsein für die unauflösliche Spannung beider Werte wachzuhalten. Der Glaube an die Chancen der Rationalität wird ohnehin angefochten durch die alltägliche Beobachtung, daß Fakten und Sachverhalte oder Statistiken anders aussehen oder anders gedeutet werden, je nachdem ob sie von Arbeitgebern oder Arbeitnehmern, vom ADAC oder von Bürgerinitiativen, in von CDU oder SPD regierten Ländern, mit Beteiligung oder gegen die Opposition der FDP oder der Grünen vorgetragen werden. Kein Christ kann sich als Staatsbürger der Beteiligung an diesem Spiel entziehen. Seine Theologie sollte er aber dazu benutzen, die den unterschiedlichen Einschätzungen impliziten Menschenbilder, Theologien oder Ideologien zu erkennen, um so zu mehr Verständnis, Gelassenheit und Sachlichkeit beizutragen. Das Gegenteil würde erreicht, wenn die eigene, sachlich mehr oder weniger gut begründete Einsicht als theologische Wahrheit ins Feld geführt würde: Lassen wir es bei der Empfehlung einer Richtgeschwindigkeit oder bei 0,8 Promille, da Gott Freiheit will! Oder: Bestimmen wir Tempo 100 oder den völligen Verzicht auf Alkohol am Steuer, da Freiheit niemals als Rücksichtslosigkeit mißbraucht werden darf!

Ich argumentiere hier also im Sinne der lutherischen Zwei-Reiche-Lehre und werde darauf zurückkommen. Hier geht es vorläufig nur um Beobachtungen. Luthers Einschätzung der biblischen Gebote als »der Juden Sachsenspiegel« und sein Urteil, daß es auch bei den Türken – also in einem unchristlichen Staat – gute Gesetze geben kann, bestätigt sich übrigens auch durch die Beobachtung, daß es selbstverständlich absurd wäre, zu argwöhnen, ein erklärtermaßen atheistischer Staat hätte undienliche Verkehrsregeln oder seine Bürger würden sich im Verkehr gefährlicher verhalten. Niemand wird das behaupten; aber nicht jeder läßt sich in dem Eifer bremsen, bestimmte »christliche« Normen zu postulieren.

Ebenso abwegig ist es, aus der ethischen Tradition der Bibel direkt Anregungen für das individuelle Verhalten von Christen im Verkehr abzuleiten. Kein Theologe empfiehlt (soweit ich sehe) und kein Polizist würde es den Christen gestatten, biblisch legitimiert besondere Freiheiten in Anspruch zu nehmen, z.B. eine rote Ampel zu passieren, falls andere Verkehrsteilnehmer nicht in Sicht sind. Umgekehrt verlangt glücklicherweise kein Polizist – unglücklicherweise aber mancher Theologe – von den Christen besonderen Gehorsam im Verkehr. Aber auch dies ist offenbar nicht völlig selbstverständlich, und deshalb erwähne ich es: In Pfarrerkreisen laufen ja viele Anekdoten um, die erzählen, wie ein Polizist augenblicklich milder reagierte, als er erkannte, daß z.B. der Parksünder ein Pfarrer ist. Seitens des Polizisten ein Gefühl, daß dem Gottesmann vielleicht doch mehr Freiheit und irgendwie Immunität zukommt? Der Pfarrer interpretiert dies gewöhnlich als etwas komischen Rest der Ehrfurcht vor dem Heiligen. Der Polizist denkt vielleicht weniger ehrfürchtig, daß von dem Gottesmann ohnehin keine Kompetenz in den Dingen dieser Welt zu erwarten ist; die Kehrseite der Medaille. Auch Anekdoten, die das Gegenteil erzählen, laufen um: Ein Polizist reagierte strenger, als der Verkehrssünder sich als Pfarrer entpuppte. Der Pfarrer interpretiert das als antikirchlichen Affekt und hat vielleicht recht. Vielleicht handelt es sich auch um einen frommen Mann, der sich über die Leichtfertigkeit des Klerikers besonders ärgert. So haben wir es also auf allen Seiten wieder mit Ambivalenzen zu tun, und in einer Mischung aus Stolz, Ärger und Amüsement werden solche Anekdoten ja auch erzählt, in Pfarrerkreisen und vermutlich auch auf der Polizeiwache[64].

Ich will aus solchen anekdotischen Begebenheiten keine ethischen Schlüsse ziehen. Aber jeder Witz offenbart irgendwie Wahrheit. Und auch diese witzigen Anekdoten sind Hinweis auf ein Gespür dafür, daß es mit der Freiheit und dem Gehorsam der Kinder Gottes – womit ich nicht nur die Christen meine – eine komplizierte Sache ist.

2. Die biblische Tradition kennt Gesetze und Gebote in ganz unterschiedlicher Gestalt.

Ohne Vollständigkeit oder Systematik zu intendieren, will ich einige Formen kurz nennen, um später über Folgerungen für Ethik und Moral im Straßenverkehr nachzudenken.

a) Die Gebote und Verbote des Dekalogs sagen, was auf jeden Fall zu tun und zu lassen ist. Sie setzen Grenzen, ohne kasuistisch auf Einzelheiten und konkrete Situationen einzugehen. Was zu tun ist, sagen positiv nur das dritte und vierte Gebot: den Feiertag heiligen und die Eltern ehren. Im übrigen reicht es, negativ zu sagen, was in Beziehung zu Gott und den Mitmenschen frevelhafte Verletzung wäre: »Du sollst nicht . . .«

b) Kasuistische Gesetze und Regeln finden sich in Fülle besonders im Alten Testament nach der Argumentationsstruktur »wenn . . . dann«. Sie betreffen häufiger den Kult, seltener das soziale Zusammenleben. Ihre Lo-

64 Ob solche Anekdoten auch von Pfarrerinnen erzählt werden, ist mir nicht bekannt. Ich wäre daran interessiert zu erfahren, wie sie gegebenenfalls lauten. Denn zur Frage nach der Beziehung der Priester zu den Regeln dieser Welt, die ja Thema vielfältiger Witze ist, käme das Reizthema »Frau am Steuer«.

gik ist den Außenstehenden oft unverständlich. Verständnis ist auch nicht intendiert, sondern Loyalität.

c) Die Reklamation göttlichen Rechts und unbedingter – und sehr verständlicher – Pflichten den Mitmenschen gegenüber findet sich in prophetischen Reden. Unabhängig von staatlichen Gesetzen oder gesellschaftlichen Konventionen, oft genug gegen sie heißt es: »So spricht der Herr!«

d) Paränesen, besonders im Neuen Testament, zählen rechte Verhaltensweisen konkret auf, sich auf das gemeindliche, familiäre, gesellschaftliche Zusammenleben im Alltag beziehend. Meistens sagen sie nichts Neues, sondern beschreiben Normen und Konventionen, die in den Gemeinden gelten und die sich in der vom Christentum noch nicht berührten Umwelt ähnlich finden. Diese Paränesen wollen weniger belehren, eher erinnern, ermahnen, stärken. Sie wenden sich gegen die Versuchung, die christliche Freiheit libertinistisch mißzuverstehen, oder gegen die als allgegenwärtig betrachtete Versuchung zu Indifferenz oder Lasterhaftigkeit.

e) Seltener finden sich Paränesen, die als Beitrag bei der Suche nach neuen Normen verstanden sein wollen. Dem neuen Glauben entsprechend gilt es, z.B. die Beziehung zwischen Frauen und Männern, Juden- und Heidenchristen, »Starken« und »Schwachen«, Angehörigen unterschiedlicher Schichten neu zu regeln.

f) Das Liebesgebot gilt als Zusammenfassung aller Gebote, als Relativierung wie als Radikalisierung einzelner Vorschriften, wie oben beschrieben.

Diese unterschiedlichen Arten, mit Gesetzen und Geboten umzugehen und darin Gottes Willen zu beschreiben, antworten wohl auf entsprechend unterschiedliche Lebenserfahrungen und Herausforderungen zu ethischem Nachdenken und moralischem Handeln. Die Frage ist, ob sich ähnliche Erfahrungen und Herausforderungen im heutigen Suchen nach angemessenen Gesetzen, Normen und Regeln finden. Dazu später.

3. Was ist im Straßenverkehr unmoralisch und verwerflich? In den vorangehenden Kapiteln bin ich ausgegangen von meinen Erlebnissen als Fahrer und Besitzer eines Autos. Die Abwehr unpassender oder zu früher moralischer Argumentation war auch in der Erfahrung begründet, daß es im Umgang mit dem Fahrzeug normalerweise nicht oder nur scheinbar um Gewissensfragen und Gewissenhaftigkeit und also Ansprechbarkeit für moralische Appelle geht. Die Frage, wie stark ich z.B. vor einer Kurve

das Tempo reduziere oder ob ich überhole, trifft mich nur in Ausnahmefällen als Frage an mein moralisches Bewußtsein. Normalerweise ist dies eine Frage der Einschätzung der Motorkraft, der Beziehung zwischen Reifen und Straße, der augenblicklichen Stimmung auf dieser Reise und anderes mehr. Wann und wo kommt das Gewissen ins Spiel? Wann sollte es ins Spiel kommen? Wann, wo und wie geht es um Gewissenhaftigkeit oder Gewissenlosigkeit, Verantwortungsbewußtsein oder Verantwortungslosigkeit, um Pflicht und Gehorsam?

Bei der Frage nach der angemessenen Geschwindigkeit geht es, wie ich zu zeigen versucht habe, normalerweise und wesentlich nicht um die Spannung von Lust und Pflicht, sondern um die Lust am Reisen und die Lust am Rasen, die beide unterschiedliche Lebenseinstellungen repräsentieren. Die eine ist nicht moralischer als die andere, und auch wenn ich die Lust am Rasen als töricht erkenne, diskriminiere ich sie damit nicht als unmoralisch. Man sollte auch sorgfältig darauf achten, daß dies nicht geschieht. Denn wenn es stimmt, daß es sich nicht nur um alternative Verhaltensweisen handelt, sondern um unterschiedliche Lebenseinstellungen, unterschiedliche Spiritualität, muß man sich vor Verteufelungen hüten. Die moralische Diskriminierung Andersgläubiger ist schon immer eine besonders üble Waffe von Inquisitoren und religiösen Fanatikern gewesen. Irgendwo aber wird die Grenze zum Verwerflichen, nicht mehr Verantwortbaren überschritten. Der Reisende, der sich für die Umgebung mehr interessiert als für die Straße oder unbesorgt um die Verkehrssituation zum Blumenpflücken anhält, gefährdet sich und andere ebenso wie der Rasende, der sich um Straßenzustand und Verkehrsdichte zu wenig Sorgen macht. Aber diese Grenze ist schwer zu bestimmen, und die für Gesetzgeber und Exekutive gültige Grenze ist nicht immer dieselbe wie die für das individuelle Verhalten.

Bezüglich des Stadtverkehrs finde ich es in weit mehr als den normalerweise bewußten Fällen töricht, in die Stadt hineinzufahren, irrational begründet und unzweckmäßig. Aber damit wird es noch nicht unmoralisch. Irgendwo aber läuft auch hier die Grenze zum Unmoralischen, wenn z.B. vorhersehbar ist, daß dadurch das Chaos verschlimmert wird oder ein Parkplatz nur noch auf dem Bürgersteig zu Lasten der Fußgänger zu finden ist. Auch diese Grenze ist schwer zu bestimmen. Sie müßte aber benannt werden, wenn man moralisch argumentierend Normen aufzeigen will und daraus keine unnütze oder ärgerliche Moralpredigt werden soll.

Auch in Beziehung zur Technik geht es normalerweise nicht um Gewissenhaftigkeit oder Gewissenlosigkeit. Es geht um Sinn und Verständnis für die Technik gegenüber der Angst vor ihr oder der Gleichgültigkeit oder Feindseligkeit ihr gegenüber. Aber auch hier kann eine Grenze überschritten werden, wenn die Liebe zur Technik zu gefährlichen Spielereien führt oder aus der Gleichgültigkeit oder Abneigung ihr gegenüber gefährdende Nachlässigkeit folgt.

Die Frage nach der Verkehrssicherheit ist also nicht zuerst und nicht normalerweise eine Frage der Moral oder der Ethik. Um angemessene Gesetze, Normen und verantwortungsbewußtes Verhalten geht es aber immer an den Grenzen der mit dem Verkehr verbundenen Erlebnisbereiche. Und genau an diesen so schwer zu bestimmenden Grenzen sind Gesetze und moralische Appelle nötig und angebracht.

In der Hoffnung, daraus Maßstäbe für eine differenzierte Anwendung von Gesetzen, Normen und Appellen ableiten zu können, seien aus der Vielfalt zweifelhaften oder gefährlichen Verhaltens einige Beispiele aufgezählt, wiederum nicht an Systematik interessiert und an der Vielfalt mehr als an Vollständigkeit.

Bei den folgenden Beispielen denke ich an den Bereich der normalen, auch bei kompetenten, verläßlichen und ehrenwerten Fahrern und Fahrerinnen vorkommenden Verhaltensweisen. Ich denke jetzt nicht an eindeutig gesetzeswidriges und gewissenloses Benehmen. Natürlich kenne auch ich die Versuchung, nach ausgiebigem Alkoholgenuß noch mit dem Auto nach Hause zu fahren im Bewußtsein, daß dies strafbar und gefährlich ist. Oder die Versuchung, in jugendlichem (auch in reiferen Jahren glücklicherweise nicht abgestorbenem) Übermut mit 85 km/h durch die Kleinstadt zu fahren. Aber darum geht es jetzt nicht. Wie man aus Flensburg hört, gibt es wohl einige Rowdies, für die derlei normal ist. Auch hier votiere ich übrigens eher für ein vorsichtiges Urteil: Ich habe schon manchen Überholer als Rowdy beschimpft und mich zehn Kilometer weiter bei einem Manöver erwischt, das die anderen wohl ebenso beschimpft haben. Der Normalfall ist dies auf den Straßen nicht. Der Normalfall ist vielmehr, daß wir uns aufeinander verlassen und auch verlassen können. Sonst würde der Verkehr gar nicht funktionieren. Ich fühle mich normalerweise auf der Straße und unter anderen Verkehrsteilnehmern weder wie in einem Canyon des Wilden Westens noch wie in einem Rennen auf dem Nürburgring.

Aber auch im Bereich des Normalen gibt es Torheiten, Übertretungen, Verwerfliches, Zweifelhaftes, gegen die Gesetze oder von ihnen nicht erfaßt und kaum erfaßbar.

Beispiele:

a) Auf einer Landstraße mit schwachem Verkehr fahre ich 110 km/h, oder in einer kaum belebten Ortschaft 62 km/h. Erlebnisweise: Ein Bewußtsein, andere oder mich zu gefährden, ist damit nicht verbunden, nur die bewußte Hoffnung, daß da keine Radarfalle ist. Letztlich heißt das wohl: Ich glaube nicht an die Verbindlichkeit des Gesetzes. Ein Kavaliersdelikt[65].

b) Baustelle auf einer Autobahn, vierspurig mit Gegenverkehr. Der LKW vor mir pendelt zwischen 75 und 70 km/h. Grund genug zum Überholen. Auf der schmalen linken Fahrspur zwischen dem LKW rechts und der entgegenkommenden PKW-Schlange links wird es mir unbehaglich, zumal bei Dunkelheit. Ich beschleunige also auf 90 km/h, um der Enge zu entkommen. Erlebnisweise: Eine Spur von Angst vor einer Geschwindigkeitskontrolle. Stärker das Gefühl für die Unsicherheit und die Mühsal des Fahrens. Gelegentlich leichter Ärger über mich, daß ich mich ans Überholen gemacht habe.

c) Beim Abschied von Freunden in der DDR trinken die Heimischen ein Glas Wein. Ein Glas, das mir in der BRD kein Polizist und kein Gewissen verargen würde. Dort lasse ich es doch lieber. Erlebnisweise: Angst vor Strafe und damit möglicherweise verbundenen Komplikationen. Eine Mischung aus Loyalität zu den Normen und Gesetzen des Gastlandes und Ärger über deren Strenge.

d) Auf einer relativ freien und trockenen BAB zeigt mein Tacho 145 km/h. Es gibt keinen aktuellen Grund dafür oder dagegen. Ich hatte mich aber grundsätzlich zu einer deutlich geringeren Geschwindigkeit entschlossen.

65 Wohlgemerkt: Ich sage hier nicht, daß solches und ähnliches Kavaliersdelikte sind, sondern daß sie so empfunden werden. Es geht hier um Beschreibung. Um Bewertung soll es später gehen.

e) Ein LKW vor mir, den ich wegen Kurven und Gegenverkehr 5 km lang nicht überholen konnte. Endlich eine freie gerade Strecke. Sie ist nicht kurz. Aber es gibt da schon zwei oder drei Sekunden, in denen lieber doch kein schnelles Auto um die vorausliegende Kurve biegen möchte, damit ich ruhig und sicher den Überholvorgang vollenden kann. Erlebnisweise: Now or never. Einen Augenblick lang ein bißchen Angst, mehr um mich als um andere.

f) Termindruck. Um pünktlich anzukommen, oder die Verspätung wenigstens in Grenzen zu halten, fahre ich bei dichtem Verkehr und etwas nasser Straße schneller, als ich es sonst täte. Erlebnisweise: Ärger über den selbst- oder fremdverursachten Zeitdruck, Angst vor Staus oder anderen Hindernissen, die Fahrt ist anstrengend. Nur in seltenen Ausnahmefällen ein Gefühl für eine Gefahr.

g) Nebel oder starker Regen oder plötzlicher Schnee: Selbstverständlich reduziere ich die Geschwindigkeit. Aber zögernd und unsicher fahre ich mal etwas schneller, mal etwas langsamer, beeinflußt auch durch das Tempo anderer. Erlebnisweise: Ärger über die Abhängigkeit von solcher Unbill. Eine Mischung aus Unsicherheit und Selbstvertrauen. Unsicherheit auch darüber, was Überängstlichkeit wäre, lästig für die Leute hinter mir, und was Leichtsinn wird, gefährlich für die Leute vor mir.

h) Ich spüre, wie ich müde werde. Aber es sind nur noch 18 km = 15 Minuten bis zum Ziel. Erlebnisweise: Bewußtsein erhöhter Gefahr. Hoffnung, daß es gut geht, wie immer bisher.

i) Da will mich auf der Autobahn tatsächlich einer rechts überholen. Ich fahre nicht ohne Grund auf der linken Spur, und als ich, vielleicht etwas früh, zum Überholen angesetzt hatte, war der Wagen hinter mir noch weit entfernt. Nun ist er rechts fast auf gleicher Höhe. Ich gebe Vollgas, um den zu überholenden LKW vor ihm zu erreichen. Erlebnisweise: Dir werde ich zeigen, was Anstand ist!

j) Die Reifen sind nicht mehr im besten Alter. Noch zeigen sie so viel Profil, daß ich vermutlich eine Verkehrskontrolle ohne Beanstandung bestehen könnte. Auch ein Bremsmanöver bei schlechtem Wetter? Aber neue Reifen sind teuer, es hat wohl noch zwei Monate Zeit. Desgleichen beim Scheibenwischer oder beim Spiel in der Lenkung oder im Bremspedal. Erlebnisweise: Eine Erneuerung oder Reparatur wäre nicht unangebracht. Aber ich will das nun auch nicht übergenau oder gar zwanghaft betreiben. Eine Gewissensfrage.

k) Jemand macht mich darauf aufmerksam, daß ein Rücklicht oder die Bremslichter nicht funktionieren. Wie lange bin ich so schon gefahren? Keine Ahnung. Erlebnisweise: Daß alles funktioniert, was ich nicht sehe, höre oder spüre, setze ich als selbstverständlich voraus.

Und so weiter.

Die Beispiele sind, wie gesagt, mit mehr Interesse an der Vielfalt als an Vollständigkeit angeführt. Die Liste läßt sich beliebig ergänzen, und jeder Leser mag seine Beispiele hinzufügen. Überall handelt es sich um Verhaltensweisen, die niemand als besonders schweres Vergehen beurteilen wird, solange dabei nichts passiert. Und wenn etwas passiert?

In einigen Fällen handelt es sich eindeutig um Übertretung geltender Gesetze, mal mit, mal ohne warnende oder strafende Stimme des Gewissens. In anderen Fällen handelt es sich um zweifelhaftes oder unangemessenes Verhalten im gesetzlich nicht geregelten Raum, wiederum mal mit und mal ohne spürbare Beteiligung des Gewissens. Offenbar ist das Gewissen – und damit die unmittelbare Ansprechbarkeit für ethische Normen und moralische Appelle – nicht die einzige Instanz, nach der über Strafbarkeit oder Verwerflichkeit bestimmter Handlungen entschieden werden kann. Offenbar kann man auch nicht eindeutig feststellen, daß die Fälle, in denen geltende Gesetze übertreten werden, schwerer wiegende Sünden sind als die, die im gesetzlich nicht geregelten Raum geschehen. Die Leser werden die angeführten Fälle wohl auch unterschiedlich bewerten. Vermutlich beurteilen einige als unproblematisch, was andere als schwerwiegendes Vergehen einschätzen. Schließlich dürften auch die Erlebnisweisen individuell unterschiedlich sein. Wo einer eher Angst vor Strafe spürt, erlebt der andere eher Angst vor einem Unfall, wo einer mit Angst reagiert, regt sich beim anderen eher Ärger usw. Ich will diesen Unterschieden nicht weiter psychologisch nachgehen. Mir liegt hier nicht an einer Charakterstudie über die Autofahrer. Vielmehr will ich zeigen, wie behutsam und differenziert man argumentieren muß, wenn man durch Gesetze, Normen und Appelle etwas Weiterführendes und Überzeugendes beitragen will.

1. Gesetze und Gebote

Im Blick auf die Gesetzgebung oder die Formulierung von Regeln und Konventionen für den Straßenverkehr sehe ich weder für die Theologie noch für die Kirche als Institution und Repräsentantin christlichen Glaubens besondere Pflichten und nur sehr begrenzte Möglichkeiten. Christen sind an den diesbezüglichen Diskussionen und Entscheidungen beteiligt in ihrer Eigenschaft als Staatsbürger und als sensible und verantwortlich denkende Verkehrsteilnehmer. Ich bin aber skeptisch für den Fall, daß sie sich dabei auf theologische Einsichten berufen oder als Vertreter der Kirche argumentieren.

Das bedeutet nicht, daß ich als Theologe die Gesetzgebung für uninteressant oder gar unwichtig halte. Gerade wer sich, wie ich das in den vorangehenden Kapiteln dargelegt habe, wesentlich auf die Überzeugungskraft von Symbolen verläßt und deshalb auf zweckrationale und moralische Argumentation verzichtet, muß wollen, daß die dadurch ja offen bleibenden Möglichkeiten der Entscheidung für unerwünschte oder gefährliche Einstellungen und Verhaltensweisen in dem Maße gesetzlich eingeschränkt werden, in dem eine Gesellschaft dies für nötig hält. Als Christ und Theologe glaube ich an die auch das soziale Leben gestaltende Überzeugungskraft des Evangeliums und des Heiligen Geistes, damit der solchen Glauben beschreibenden Symbole. Aber wiederum als Christ und Theologe weiß ich auch, daß Symbole niemals eindeutig sind und daß die jeweiligen Gegensymbole ihre Überzeugungskraft nicht verlieren. Es kann also durchaus sein, daß der symbolträchtige Slogan »Reisen statt Rasen« wider Willen eher fürs Rasen und für Wotans wilde Jagd Interesse weckt.[66] Es ist Sache der Kirche und der Gesellschaft, die in diesem Sinne »Andersgläubigen« nicht moralisch zu diskriminieren. Es ist Sache des das gesellschaftliche Leben regelnden Staates, die Grenzen des tolerablen Verhaltens festzulegen.

Diese Grenzen zu bestimmen und damit auf die Gesetzgebung direkt

66 Den spätmittelalterlichen Malern ist solches regelmäßig passiert, wenn sie das Jüngste Gericht dargestellt haben: Bei den Verdammten handelt es sich immer um Charakterköpfe, die die Betrachter faszinieren. Die Seligen erscheinen als Langweiler.

Einfluß zu nehmen, ist nicht Sache der Theologie. Ich sage dies nicht in der Überzeugung, daß diese Prozesse rein rational und nach sachlichen Gesichtspunkten verlaufen. Im Gegenteil. Zwar geht es hier um nüchtern und rational, nach sachlichen, z.B. statistisch beschreibbaren Einsichten zu entscheidende Fragen. Aber natürlich sind überall, bewußt oder unbewußt, theologische, pseudotheologische, philosophische, ideologische Vorentscheidungen und ihnen entsprechende Werte im Spiel, wie z.B. in der Kontroverse um Freiheit oder Sicherheit. Oder es geht um offene oder verdeckte Interessen. Würden überall die gleichen sachlichen Einsichten oder gleichen Statistiken gewonnen, und würden diese Daten überall im gleichen Sinne bewertet und interpretiert, verliefen die Entscheidungsprozesse um Anschnallpflicht, Promillegrenze, Tempolimit usw. unproblematisch, schneller und mit größerem Konsens. Dem ist nicht so. Wie aber die Unterschiedlichkeiten in den theologischen und kirchlichen Traditionen zeigen, befinden sich Theologie und Kirche niemals jenseits des Streites um Voreinstellungen und Werte. Die je eigene Einstellung oder Einsicht als Offenbarung oder theologische Wahrheit zu reklamieren, wäre pure Arroganz. Sie gibt eine kirchenhörige Gesellschaft dem Klerikalismus preis und in einer säkularisierten Gesellschaft die Kirche der Lächerlichkeit.

Theologie und Kirche können zur wünschenswerten, immer nur bestenfalls annähernd erreichbaren Sachlichkeit einen Beitrag leisten, indem sie sich hier – negativ – zurückhalten und indem sie – positiv – helfen, die implizierten Theologien, Ideologien oder Interessen zu erkennen, offen zur Diskussion zu stellen und sich deren Relativierung gegenseitig gefallen zu lassen.

In seiner sogenannten »Zwei-Reiche-Lehre« charakterisiert Luther das gesellschaftliche und staatliche Leben keineswegs als einen Bereich, in dem Gott und die Frage nach seinem Willen keine Rolle spiele. Er redet nicht vom »Reich dieser Welt« oder vom »Reich des Teufels«, sondern vom Reich Gottes »zur rechten und zur linken Hand«. Luther formuliert damit die Einsicht, daß es im »Reich zur Linken«, also im Bereich des Staates, Gottes Wille ist, im Sinne des Dekalogs Gesetze zu erlassen und sich an sie zu halten, obwohl klar ist und immer klar bleiben muß, daß diese Gesetze und Gebote niemals endgültig, vollkommen, alle befriedigend und überzeugend sein können.

Diese Einsicht kann zur Nüchternheit und Sachlichkeit, vielleicht auch zur Beschleunigung bei den Entscheidungsprozessen beitragen. Theologie und Kirche sollten Politiker ermutigen, wenn z.B. die Verabschiedung wünschenswerter oder nötiger Gesetze verzögert wird mit Rücksicht auf partikulare Interessen oder in der Illusion, Vollkommenes erreichen zu können. Sie sollten Politiker bremsen, wenn der Ruf nach unnötigen Gesetzen aus der Illusion laut wird, dadurch erzieherisch bessere Menschen hervorbringen zu können.

Für den gegenwärtigen Zeitpunkt sind dies für mich freilich rein theoretische Überlegungen. Denn ich sehe – nun nicht als Theologe, sondern als Staatsbürger und Autofahrer – zur Zeit keinen dringenden Anlaß, zur Erhöhung der Verkehrssicherheit neue Gesetze zu erlassen. Um an Aktuelles zu denken: Ich begrüße die neue gesetzliche Vorschrift einer Prüfung für jugendliche Mopedfahrer. Ich spüre irgendwelche emotionalen und sicher irrationalen Widerstände gegen die m.E. rational sehr wohl begründete Anschnallpflicht auf dem Rücksitz. Die Diskussion um »Tempo 100« halte ich aus ökologischem Interesse für wichtig, weniger im Blick auf die Sicherheit[67]. Bezüglich einer weiteren Reduzierung der Promille-Grenze bin ich mir nicht schlüssig, weil ich nicht sicher bin, wo die Grenze liegt, jenseits derer die Prohibition und die damit verbundene Kriminalisierung den Mißbrauch eher provoziert als eindämmt[68]. Fazit: Nicht nur aus den genannten theologischen Gründen, auch aufgrund meiner persönlichen Einschätzung der geltenden Verkehrsregeln sehe ich zur Zeit wenig Grund zu einem kirchlichen Engagement. Von nicht nur theoretischem, sondern auch praktischem Interesse sind für mich diese Überlegungen im Bezug auf den Umgang mit den Gesetzen. Aufgrund ihrer theologischen Erfahrung und durch Predigt, Unterricht, Erwachsenenbildung und Seelsorge kann die Kirche dazu beitragen, daß die Gesetze eingehalten werden. Sie

67 Stünde eine Begrenzung der Höchstgeschwindigkeit auf 100 oder 120 km/h zur Abstimmung, würde ich für sie votieren, weil ich oft erlebt habe, wie gut es Leib und Seele tut, wenn alle ungefähr im gleichen Tempo fahren. Aber das ist kein theologisches Argument. Als Theologe fühle ich mich nur herausgefordert, wenn dagegen ideologisch »freie Fahrt für freie Bürger« gefordert wird.

68 Zur Meinungsbildung würde ich hier also nicht theologisch argumentieren. Sicherlich ist theologisch etwas zu sagen zur Suchttherapie und zum Verhältnis von Therapie und Strafe. Aber das ist hier nicht das Thema.

soll jedenfalls dazu beitragen, daß auch kleinere Übertretungen im geschilderten Bereich des »Normalen« nicht verharmlost oder durch faule Rationalisierungen legitimiert werden. Nun ist es Sache der Polizei, hier auf pünktlichem Gehorsam zu bestehen oder einen tolerablen Spielraum einzuräumen. Meine Sache ist es kaum, und ich will jedenfalls keinen verurteilen, der in einer kaum belebten städtischen Straße 60 km/h fährt und dabei das Bußgeld riskiert. Widerspruch, auch theologisch begründeter Protest ist aber geboten, wenn jemand sich dabei unter Stammtischbrüdern auf christlich oder humanistisch begründete Freiheit beruft. Derlei geschieht selten. In derselben Linie liegt aber die häufigere Variante, derlei und Schlimmeres – z.B. Alkoholgenuß – als »Kavaliersdelikt« zu bewerten. Es gibt kein »Kavaliersdelikt«, weil es in einer demokratischen Gesellschaft keine Kavaliere gibt. Im übrigen entscheidet mindestens im Bereich des Verkehrs über die Verwerflichkeit bestimmter Verhaltensweisen deren Gefährlichkeit, nicht deren gesellschaftlich – nicht kirchlich – bedingte moralische Qualifikation: Die Folgen eines solchen »Kavaliersdeliktes« und die Aussicht, davon getroffen zu werden, sind weit größer als z.B. bei einem kleineren Betrug, den niemand als »Kavaliersdelikt« bezeichnen würde.

Eine andere Form solcher Rationalisierung ist die Berufung auf einen, z.B. als Termin- gleich Tempodruck empfundenen Interessenkonflikt. Die Frage, welche Geschwindigkeit noch verantwortbar ist, mag als ethische Entscheidungsfrage gelegentlich für den Fahrer eines Rettungswagens anstehen. Normalerweise machen wir uns unseren Termindruck selbst oder lassen ihn uns machen[69].

Im Hintergrund solcher Rationalisierungen steht wohl das Postulat, daß Gesetze einsichtig und überzeugend sein müssen, um als verbindlich zu gelten. Es kann aber keine vollkommen befriedigenden und alle überzeugenden Gesetze geben. Das Formulieren und Verabschieden von Gesetzen ist Sache der Einsicht. Sie einzuhalten ist nur in seltenen, im Straßenverkehr kaum vorkommenden Konfliktfällen eine Frage einsichtsvol-

69 Wo es sich um überindividuell verursachten ökonomischen Druck handelt, der einzelne »Sünder« also weder zu rechtfertigen noch einfach moralisch zu verurteilen ist, gibt es sicherlich Anlaß für ein kirchliches Engagement zu besseren Lösungen.

ler Entscheidung. Es ist meistens eine Sache der Loyalität. Diese mag man im Sinne Luthers als Willen Gottes bezeichnen, und jedenfalls ist auch eine läßliche Sünde eben eine Sünde.

Umgekehrt macht die Unvollkommenheit der Gesetze situationsgerechtes Verhalten und verantwortungsbewußte Entscheidungen regelmäßig nötig – und also Paränesen. Zu widerstehen ist aber der damit auch gegebenen Versuchung, über das gesetzlich Gebotene hinaus besondere Leistungen als Christenpflicht oder Anstand zu fordern und damit diejenigen moralisch zu disqualifizieren, die tun, was nicht verboten ist.

2. Paränesen

Nicht immer tue ich, was ich nach aktueller Einschätzung der Lage oder nach meiner Grundüberzeugung für gut und richtig halte. Dies kann aus Unachtsamkit geschehen. Es kann auch sein, daß ich der Verführung der gegenläufigen Lebenseinstellung erlegen bin. Wiederum ist die Grenze zwischen beiden Untugenden kaum präzise zu definieren, und die konkreten Fälle liegen irgendwo im Zwischenbereich.

Damit sind wir genau in dem Bereich, dem sich auch die biblischen Paränesen widmen. Sie wenden sich gegen Leichtfertigkeit wie gegen Götzendienst, ohne sich um eine präzise Unterscheidung zu bemühen. Sie wollen nicht Glauben stiften und Menschen erneuern. Sie wollen Glauben festigen und zu seiner alltäglichen Bewährung anleiten.

In diesem Sinne paränetische Sätze oder Tugendkataloge für Autofahrer auch kirchlicherseits zu formulieren, kann dienlich sein. Dazu ist aus den biblischen Paränesen zu lernen: Der Inhalt der einzelnen Sätze muß nicht erkennbar und speziell christlich sein. Auch die Paränesen empfehlen Tugenden, die außerhalb der Christengemeinden ebenso gelten. Umgekehrt ist es keinesfalls abwegig, die biblische Herkunft oder den christlichen Charakter einer Empfehlung zu benennen. Auch die Paränesen scheuen sich nicht, bei Alltäglichkeiten vom Willen Gottes zu sprechen. Entscheidender ist, daß solche Sätze in ihrem Charakter und ihrer Formulierung der theologischen Einsicht entsprechen, daß moralische Appelle und sachliche Information die Menschen nicht erneuern oder erlösen, wohl aber Glauben bestätigen und einen Konsens gegebenenfalls aktualisieren können. Die Funktion paränetischer Sätze ist nicht Bekehrung oder

Verurteilung, sondern in erster Linie Erinnerung, in Ausnahmefällen Belehrung.

Beispiele aus dem vorhandenen Angebot:

Das schlichte »Öl« an der Tankstelle betrifft mich als »Techniker«. Es entspricht dem finanziellen Interesse des Tankwartes ebenso, wie es paränetisch mein Interesse trifft. Es mag ergänzt werden durch entsprechende Fragen: »Rücklichter?«, »Bremslicher?«, »Reifendruck?«. Dergleichen würde mich daran erinnern, daß mein Auto eben auch ein liebes-, also nahrungs- und pflegebedürftiges Geschöpf ist.

Andere »Paränesen« geben sachliche Hinweise und intendieren moralisches Verhalten:

»Mit 80 fahren Sie Wasserski« zum Beispiel. In diesem Sinne appellierend und Information aktualisierend empfinde ich auch das »Überholen? Im Zweifel nie!« oder das sprachlich leider etwas alberne »Straße naß, Fuß vom Gas«.

»Alkohol benebelt« leuchtet mir ein, wenn es auch, streng genommen, nicht ganz redlich ist. Denn sofern es in den oben erwähnten Bereich der Gesetze gehört, müßte es – psychologisch wohl weniger ansprechend – heißen: »Alkohol macht strafbar«.

Abwegig dagegen: »Mein fester Wille: ohne Promille«. Inhaltlich stimme ich dem gerne zu, die Sprache ist ärgerlich. Erstens pflegt ein Wille so fest nicht zu sein, wenn man ihn beschwörend als »fest« bezeichnet. Zweitens meint sein Besitzer mich und nicht sich. Sonst würde er den Aufkleber innen an die Windschutzscheibe heften, nicht außen ans Heck.

Eine dritte Gruppe paränetischer Sprüche erinnert direkt an Werte und Normen:

»Reisen statt rasen« z.B. mahnt mich in diesem Sinne, geht aber durch die Symbolträchtigkeit der Begriffe darüber hinaus[70]. Neuerdings lese ich »Verständnis füreinander«, die Beziehung zwischen Auto- und Motorradfahrern meinend. Nun gut.

Ich schlage vor: »Wer oder was macht dich rasend?«, oder »Wohin so schnell?«, oder »5 Minuten früher aufbrechen ist leichter als 4 Minuten

70 Soweit ich sehe, ist dieser Slogan inzwischen wieder von den Autobahnen verschwunden. Nach langer Lebenszeit früher hatte er jetzt nur ein kurzes Comeback. War er nicht moralisch genug? Oder waren von damals nur noch ein paar Plakate übrig?

schneller fahren«. Oder an PR-Plätzen: »Wer zu Fuß geht, hat mehr von der Stadt«. Oder »Vergeltet nicht Böses mit Bösem« und »Meine Zeit steht in deinen Händen«.

Bitte nicht zuviel des Guten. Ich weiß, daß ich der Paränese bedarf und lasse mich durch gute Sprüche gern erinnern und nachdenklich machen. Aber ich wünsche nicht, daß unsere Straßen mit solcher Reklame geschmückt werden wie die anderer Länder mit Verkaufswerbung. Nicht überzeugend, freilich eher lächerlich als lästig finde ich es, wenn mir, wohin ich auch blicke, bald ein Zeitgenosse per Aufkleber mitteilt, daß er »Tempo 100« fährt oder »bleifrei« oder daß er für Tiere zu bremsen gedenkt. Nun handelt es sich dabei allerdings nicht um Paränesen im hier gemeinten Sinne der Erinnerung an Plausibles, sondern um Beiträge zur öffentlichen Meinungsbildung. Und gegen anderslautende Auffassung findet die in einer Demokratie eben auf der Straße statt.

3. Prophetische Rede

Mag sein, daß manche Leute mit unseren Verkehrsregeln oder dem normalen Fahrverhalten nicht nur unzufriedener sind als ich, sondern gotteslästerliche Verweigerung des Nötigen sehen, wenn z.B. »Tempo 100« nicht erzwungen oder Alkohol nicht gänzlich verboten wird. Der Schritt von einladenden Symbolen zum eindeutig fordernden »So spricht der Herr« in sozialen Alltagsfragen gehört zur biblischen Tradition. Mögen sie also das ihrer Einsicht und Überzeugung nach Nötige auch in Gottes Namen fordern. Meine Sache ist das nicht. Aber ich will dagegen auch nicht theologisch rechten. Wenn es von einzelnen oder Gruppen in eigener Verantwortung ohne manipulativen Druck und ohne halbherzige Wenns und Abers geschieht, lasse ich mich zu Zustimmung oder Widerspruch einladen.

4. Schuld und Vergebung

Mir fällt auf, daß in Kirchengemeinden und im pfarrberuflichen Kollegenkreis wie allgemeinen so auch im Blick auf den Straßenverkehr häufiger und engagierter über ethische Normen und Schuld die Rede ist, als über Vergebung. In meiner seelsorgerlichen Praxis habe ich bisher gelegentlich mit Unfallopfern oder deren Angehörigen zu tun gehabt, sehr selten aber mit den Verursachern von Unfällen. Dies muß als sehr einseitige Ausblendung eines Teils der Realität in der theologischen Diskussion und kirchengemeindlichen Praxis gelten.

Glücklicherweise habe ich bisher einen schweren Unfall mit Personenschäden weder erlitten noch verursacht. Aber aus eigener Erfahrung und aus Gesprächen mit Freunden weiß ich, wie auch Unfälle mit Blechschäden eine Fülle krauser und quälender Gefühle und eine Erschütterung des Selbstwertgefühls auslösen. Um so schlimmer, wenn unheilbarer Schaden das Gewissen belastet. Auch nach leicht bezahl- und reparierbaren Schadensfällen habe ich mich in den ersten Stunden oder Tagen danach am Steuer nicht sonderlich sicher gefühlt. Ein ernsthaftes und verständnisvolles Aufnehmen dieses Themas in Predigt und Seelsorge wäre deshalb wohl nicht nur ein wichtiger Dienst der Liebe an den Beteiligten, sondern könnte auch der Sicherheit anderer dienen.

Ich vermute, daß Schuldbewußtsein und Schuldgefühle im Straßenverkehr eine größere Rolle spielen, als in privaten und öffentlichen Gesprächen zum Ausdruck kommt. Meinem – aus persönlichen Gesprächen gewonnenen – Eindruck nach wird Angst auf dem Beifahrersitz häufiger erlebt als am Steuer. Dies wird meistens verschämt und augenzwinkernd eingestanden, wohl wissend, daß damit eine Spur von Eitelkeit verbunden ist. Seltener eingestanden wird die Angst, selbst zu fahren. Führt solche Angst nicht zum Verzicht auf Führerschein oder Fahrpraxis, sondern zu zögerlichem und seltenerem Fahren, kommt bleibende Ungeübtheit zur ohnehin vorhandenen emotionalen Unsicherheit hinzu. Dabei kann es sich um ein Gefühl für die Gefährdung handeln, der man wenig Vertrauen in die uns umgebende Wirklichkeit entgegenzusetzen hat. Es kann sich umgekehrt auch um Angst handeln, selbst schuldig zu werden.

Über solche Gefühle ist schwer zu reden, um so schwerer, je mehr sie über anfängliche Unsicherheit und realistisches Bewußtsein der Gefahr hinausgehen in Gestalt habitueller Angst- und Schuldgefühle. Sie sind häufig mit Scham verbunden. Aber unterdrückte Angst ist gefährlicher als eingestandene. Sie kann eher dazu beitragen, das Befürchtete herbeizuführen. In einzelnen Fällen kann wohl nur therapeutische Beratung zur Entspannung helfen. Theologie und Kirche können auch öffentlich zur Entkrampfung beitragen, weil sie Erfahrung haben im Umgang mit Schuld und Schuldverstrickung. Der Straßenverkehr ist ein Bereich unseres Lebens, in dem jeder jederzeit schuldig werden kann. Und die Schuld von gestern nimmt man auf die neue Reise mit. Die Bibel bietet uns u.a. als Symbol das Kainsmal an: Makel und Zeichen des Schutzes zugleich. Kain muß nicht »unstet und flüchtig« sein Angesicht vor Gott und den Menschen verbergen (1.Mose 4,14f).

5. Ein neues Gebot

In sozialethischen Diskussionen ist nicht selten von »neuen« Normen die Rede, die zu entwickeln sind. Welche neuen Normen? Von allen Fragen ist diese am leichtesten zu beantworten. Sie ist nämlich längst beantwortet, wenn der johanneische Christus spricht: »Ein neues Gebot gebe ich euch, daß ihr euch untereinander liebt, wie ich euch geliebt habe« (Joh. 13,34). Das ist alles. Es ist unchristlich, daneben oder darüber hinaus oder dies korrigierend »neue« Normen zu postulieren, zumal als theologische Argumentation. Biblisch steht das »Neue« z.B. gegen den »alten Adam«, nicht gegen die Normen und Gewohnheiten »alter Zeiten«. Und was damals »zu den Alten gesagt« war, sagen die »Alten« noch heute. Das Liebesgebot ist heute so neu wie es schon damals uralt war. Symbolisch gesprochen: Ich stelle mir das Neue Jerusalem anders vor als den Garten Eden. Aber ich denke, daß in diesem wie jenem dieselben Normen gelten.

Das macht mich skeptisch, wenn im Blick auf Verkehrsverhalten, auf Ökologie, Partnerschaft, Ökonomie oder Friedenspolitik in sozialethischen – also nicht nur in explizit theologischen – Diskussionen von »neuen« Normen die Rede ist. Was ist denn wirklich »neu«, also Altes unumkehrbar überholend und ablösend? Bei näherem Hinsehen sieht man, daß es sich beim erstrebten oder gesuchten Neuen meistens um mehr Liberalität oder mehr Strenge handelt, wogegen ja an sich nichts zu sagen ist. Nur ist das kein neues Thema.

Im Bereich von Partnerschaft und Sexualität zum Beispiel ist in den zurückliegenden 20 Jahren viel von neuen Erfahrungen, Verhaltensweisen und Normen gesprochen worden. Vergleichbare Gedanken und Praktiken lassen sich freilich auch in vorgestrigen Zeiten entdecken. Es ist ja nicht so, wie die Rede von »neuen« Normen suggeriert, daß die Zeiten von Adam und Eva bis zu unseren Eltern von viktorianischer Prüderie geprägt waren. Und wenn ich recht sehe, nähern sich die Postmodernen in kleinen aber erkennbaren Schritten prämodernen Normen[71]. Dieser Wandel vollzieht sich nicht auf einer Einbahnstraße.

Gilt das auch für die anderen Bereiche sozialethischen Nachdenkens, den Straßenverkehr eingeschlossen? Vielleicht ist es wirklich sinnvoll, von neuen Normen zu reden, wo nach neuen Formen der Beziehung zwischen Frauen und Männern gesucht wird. Denn einigen wenigen uralten Spuren von solch »Neuem« zum Trotz ist dies Verhältnis jahrtausendelang patriarchalisch geprägt gewesen. Vielleicht ist es auch sinnvoll, nach neuen Normen zu verlangen angesichts des zerstörerischen Potentials, das durch die modernen Möglichkeiten friedlicher und kriegerischer Anwendung von Energie verfügbar geworden ist. Auch hier sind die nötigen Normen an sich wohl kaum neu. Neu ist aber, daß einige alte Normen angesichts des apokalyptischen Ausmaßes unumkehrbarer Zerstörung keine diskutablen Alternativen mehr sind. Bei allem aber, was unterhalb dieser Schwelle liegt, sehe ich nicht, wo sinnvoll von neuen Normen zu reden wäre. Und der Straßenverkehr liegt glücklicherweise eindeutig darunter!

Selbstverständlich verlangen neue Herausforderungen und neue Erfindungen neue Konkretisierung und entsprechende Gesetzgebung, wie das z.B. bei Anschnallpflicht oder Abgasverordnung der Fall ist. Aber dabei handelt es sich eben um Konkretisierung, nicht um ethische Normen. Sicherlich hat sich für unser Leben etwas dadurch verändert, daß jeder Kleinwagenfahrer über ein Gerät verfügt, das sich leicht in ein Geschoß verwandeln kann. Dem früheren Kutscher war ein solches Maß an Energie unbekannt. Aber ist dadurch das Reisen generell unsicherer geworden? Wo heute ein aus der Kontrolle geratenes Fahrzeug um die Kurve kommen kann, lauerte früher ein Räuber. Statistisch gesehen ist die Chance, als Reisender unbehelligt in Paris oder an der Costa Brava anzukommen, größer als früher.

Im Blick auf unsere Fahrzeuge läßt sich wohl ein Wandel – auch werbewirksamer Werte beobachten, aber kaum ein Wandel ethischer Normen. Als das Auto in seinen Anfangszeiten noch kaum praktisch war, waren wohl Modernität, Risikofreude, Aufgeschlossenheit solche Werte, die

71 Sollte dies zutreffen, bin ich gespannt, mit welcher theologischen Garnierung in kirchlichen Kreisen die postmodernen Enkel dieses Gericht den modernen Kindern prämoderner (Groß)eltern servieren werden.

Bereitschaft also, am Abenteuer des technischen Fortschritts teilzunehmen. Dann spielten Schönheit, Kraft und Geschwindigkeit eine große Rolle: Die Höchstgeschwindigkeit und die Angabe »von 0 auf 100 in xy Sekunden« fanden sich in fast allen Annoncen, wie sich heute die Hinweise auf Sparsamkeit und Umweltverträglichkeit finden[72]. Sicherheit spielte und spielt dabei eine wichtige, aber eher sekundäre Rolle, für die Techniker meinem Eindruck nach eine größere als für die Verbraucher, wie oben schon gesagt. Ich sehe aber keinen vergleichbaren Wandel der Normen. Es galt niemals als ethische Norm, möglichst schnell zu fahren. Es gab und gibt in bestimmten Kreisen die geheime Norm, einen standesgemäß großen oder teuren Wagen zu fahren, aber sie wird kaum als ethische Norm öffentlich vertreten. Es gab und gibt die Norm, sich rücksichtsvoll zu verhalten, um sich und die Mitmenschen zu schützen, nur gab es in verschiedenen Zeiten und gibt es in verschiedenen Ländern dazu unterschiedliche Maßstäbe.

Der »große Wagen« als öffentlicher Wert oder geheime Norm ist im übrigen nicht einfach als Albernheit zu betrachten. Die Nutzen-Kosten-Rechnung sieht in USA eben anders aus als bei uns. Da es dort schon lange als Norm gilt, langsamer zu fahren, kann man sich einen größeren Wagen leichter leisten. Bei uns gilt es – galt jedenfalls bis vor ganz kurzer Zeit – möglichst kleine Wagen möglichst schnell zu machen, wobei nicht nur unsere Lust am Rasen, sondern auch die Steuergesetze eine Rolle spielen. Vielleicht liegt es daran, daß in USA das Tempolimit auf Dauer der Industrie und dem Arbeitsmarkt nicht geschadet hat. Daß langsam fahrende große Wagen in zweifacher Weise sicherer sind als kleine schnelle, bedarf keiner Diskussion.

So mag man also auch hier von Veränderung und Wandel reden, aber nicht von »neuen« Normen.

Die neue Norm Jesu war die durch sein Verständnis des Liebesgebotes gegebene radikale Relativierung wie Verschärfung einzelner Gebote oder Konventionen. Er hat sich dabei nicht gescheut, auch kultische und soziale

72 Daß dabei immer auch Verkäuflichkeit als Wert im Spiel ist, muß man als selbstverständlich in Rechnung stellen und nicht nur negativ sehen: Es ist nicht ausgemacht, ob es der Umweltfreundlichkeit schädlich oder dienlich ist, daß sie inzwischen vermarktet werden kann.

Gesetze zu relativieren, die die Verbindlichkeit heutiger staatlicher Gesetze hatten. Wie oben beschrieben, empfehle ich dies im Straßenverkehr nicht. Ich lasse mich auch gerne durch einzelne Paränesen erinnern oder nachdenklich machen. Aber vielleicht entspricht es ja nicht nur der biblischen Tradition, sondern dient auch der Verkehrssicherheit, wenn wir, statt uns auf allzu viele alte oder neue Normen zu verlassen, im Sinne des neuen Gebotes Jesu die Spannung von Freiheit und Verbindlichkeit auszuhalten versuchen.

Kurzum: Wie wäre es mit dem Slogan »Liebe Deinen Nächsten wie dein Auto und dich selbst!«?

VII »LASST DAS WORT CHRISTI MIT SEINEM REICHTUM UNTER EUCH WOHNEN. BELEHRT UND ERMAHNT EINANDER IN ALLER WEISHEIT. SINGT GOTT IN EUREN HERZEN PSALMEN, HYMNEN UND LIEDER« (Kol. 3,16)

Anregungen zu kirchlicher Praxis

In den vorangehenden Kapiteln habe ich versucht, Phänomene und Erlebnisse aus den Bereichen des Straßenverkehrs mit Symbolen zu deuten. Ich denke, daß dies in Veranstaltungen und Gesprächen mit Gemeindegliedern ähnlich geschehen kann. Vielleicht läßt sich in einer Vortragsreihe oder einem Gemeindeseminar das Thema ähnlich gliedern, wie ich das mit meinen Kapiteln getan habe.

Aus eigener Erfahrung weiß ich, daß dabei die Versuchung besteht, nach grundsätzlichen und theoretischen, vielleicht theologischen Vorüberlegungen zu handlichen Empfehlungen zu kommen als Konkretion und eigentlich Wichtigem: Eher reisen als rasen, vor der Innenstadt parken, sich mehr für Technik interessieren, voraussichtlich dienliche Gesetze nicht verschleppen usw. Nichts gegen solche Empfehlungen. Aber im Talar verkündet, werden plausible Empfehlungen leicht zur lächerlichen oder lästigen Moralpredigt, weil man von Kirche und Theologie anderes erwartet – und das mit Recht. Mir liegt daran, auch öffentlich den Straßenverkehr als Teilbereich des ganzen Lebens zu betrachten, die dort zu beobachtenden Verhaltensweisen und Einstellungen, Versuchungen und Hoffnungen zu den übrigen Lebenserfahrungen und zu unseren Lebensdeutungen in Beziehung zu setzen, sie mit Hilfe der Symbole sub specie Dei zu bedenken und dabei auf Zweckrationalität zu verzichten. Selbstverständlich kann es nur nützlich sein, in solchen Veranstaltungen auch Experten zu hören, deren Metier nicht die Theologie ist: Wissenschaftler oder Praktiker, wie z.B. Polizisten, Taxi- oder LKW-Fahrer. Unser Beitrag dabei ist die Hilfe zur praxis pietatis. Ob man dabei die Symbole meditiert, die mir eingefallen sind – Pilgerreise, homo faber und ludens usw. – oder andere Geschichten vom homo viator wählt, vielleicht eine andere Sprache, ist mir nicht wichtig, wenn nur diese Ebene bedacht wird.

In einer Selbsterfahrungsgruppe, in der Psalm 139 meditiert wurde, erzählte eine Teilnehmerin, wie sie regelmäßig Angst hat vor einer Autofahrt, aus solchen Worten aber Vertrauen und Sicherheit gewinnt. Da war keine Zweckrationalität, der Leiter hatte an den Verkehr nicht gedacht. Es war keine Trivialisierung, denn es blieb klar, daß die in diesem Psalm gepriesene Allgegenwart Gottes auch durchaus unbehagliche Seiten hat. Es war kein manipulativer Aberglaube, denn niemand kam auf den Gedanken, daß solches Gottvertrauen Übung und Umsicht am Steuer ersetzen könnte. Es war der Ausdruck einer Gewißheit, auf deren Basis erst sinnvoll von realen Gefahren, vom Umgang mit Technik oder von Moral gesprochen werden kann. Diese Ebene meine ich immer, auch wenn ich bei den folgenden Anregungen gelegentlich auf einzelne Themen und Gesichtspunkte nur hinweise, ohne auf die theologischen Implikationen ausdrücklich einzugehen.

Noch eine Bemerkung zuvor: Ich behaupte hier nicht, daß für Repräsentanten der Kirche nur solche ausdrücklich theologisch geprägten Beiträge legitim sind. Man kann mit gutem Sinn und Erfolg direkt auf Praxis Gerichtetes tun. Ein Kirchenvorstand kann sich z.B. für die Einrichtung einer Ampelanlage oder einer Fußgängerzone aus gegebenem Anlaß einsetzen. In Kindergärten und Jugendgruppen können Aufklärung und Übungen zum Verhalten auf der Straße angeboten werden. Entsprechende Veranstaltungen können alten Leuten dienen, sich im Verkehr zurechtzufinden, und jüngeren helfen, den alten Leuten gerecht zu werden. Daß dergleichen auch von anderen Gruppen und Institutionen unserer Gesellschaft getan werden kann und gegebenenfalls dann kaum anders aussieht, bedeutet, daß es keiner theologischen Legitimation bedarf. Es bedeutet nicht, daß eine Kirchengemeinde es als Allotria betrachten sollte. Übrigens kann auch da, wo es keiner besonderen christlichen Prägung bedarf, christlicher Geist sich dahingehend auswirken, daß es in Achtung und Ehrfurcht vor den Menschen geschieht. Manches wird ja in guter Absicht getan und macht doch die Menschen klein: Mein Vater war selbständiger Geschäftsmann, und der 65. Geburtstag veränderte seinen beruflichen Alltag nicht. So geriet er in eine kleine Identitätskrise, als er wenige Tage nach diesem Geburtstag vier den Verkehr betreffende Briefe in seiner Post fand: Im ersten lag die Rechnung für die Inspektion seines Autos. Das zweite enthielt das Flugticket für eine Geschäftsreise. Im dritten befand sich die Einladung der Stadtverwaltung zu einer Veranstaltung für Senioren: Der Verkehrskasper käme und würde ein Stück spielen zur Situation alter Menschen auf der Straße. Der vierte Brief forderte Bußgeld, weil sein Sohn ein Stopschild überfahren hatte.

Ich unterschätze den Wert solcher Veranstaltungen nicht. Aber wie ich mich in den vorangehenden Kapiteln auf Bereiche beschränkt habe, in denen mir eine theologische Deutung weiterführend scheint, will ich es auch jetzt tun.

1. Predigten

Manche Predigttexte und bestimmte Jahreszeiten legen es nahe, an das Leben als Wanderschaft und Reise zu denken, der Jahreswechsel zum Beispiel. Der Straßenverkehr ist dann ein Bereich exemplarischer Erfahrung. Umgekehrt gibt es Anlässe, den Verkehr direkt zum Thema einer Andacht oder Predigt zu machen, etwa beim Aufbruch zur Fahrt einer Gruppe oder zum Beginn der Urlaubszeit. Dabei wäre es dann die Aufgabe, die partiellen Erfahrungen des Reisens in den größeren Zusammenhang unseres Lebens und Glaubens einzuordnen. Wie gesagt: Reisend oder rasend, an Ziel oder Weg mit zwiespältigen Gefühlen denkend, nach Bestätigung als Glückskind verlangend usw. sind wir nicht nur am Steuer, sondern auch sonst, z.B. im Umgang mit dem Terminkalender, vielleicht sogar mit der Bibel.

Den Brüdern und Schwestern, die für einen die Verkehrssicherheit betreffenden Gottesdienst den Bußtag für besonders geeignet halten, gebe ich zu bedenken, daß ich nur im Kapitel III auf ein Phänomen gestoßen bin, bei dem es im praktischen wie theologischen Sinne eindeutig um Buße = Umkehr geht. Auch beim Reisen oder Rasen und bei der Beziehung zur Technik sind Elemente von Buße dabei. Auch hier von Umkehr zu reden, heraus aus einer Sackgasse, sich vom Wahn zur Wahrheit wendend: mir scheint das eine Nummer zu groß. Ich erinnere mich, wie vor etwa 20 Jahren, als die Unfallzahlen erschreckend stiegen, der Pastor ein Unfallwrack vor die Kirchentür legen ließ. Wie man sieht, habe ich es noch im Gedächtnis. An eine mich verändernde Wirkung erinnere ich mich nicht.

So geht es ja häufig mit schocktherapeutischen Versuchen. Der Bibel hätte es übrigens eher entsprochen, sich ein Sinnbild für die bei Jesaja verheißene freie Straße durch die Steppe auszudenken. Denn Johannes und Jesus predigen Buße nicht, weil die Zahl der Opfer zwischen Jericho und Jerusalem zugenommen hatte. Sie sagen: »Tut Buße, denn das Himmelreich ist nahe«.

2. Vorträge und Gruppenarbeit

Die Aspekte sind vielfältig, und Erfahrungen aus dem Bereich des Verkehrs haben fast alle Leute. So liegt es nahe, an Veranstaltungen mit dialogischem Charakter zu denken: Kurze Vorträge mit viel Zeit für Gespräche, Gruppen mit eher kognitiver, meditativer oder spielerischer Arbeitsweise. Ohne auf die Methodenfrage weiter einzugehen, einige Vorschläge:

Welche Assoziationen fallen den einzelnen ein zu den verschiedenen Automarken oder Fahrzeugtypen? Welche Gedanken, Gefühle und Phantasien kommen, wenn sie »Opel« hören oder »Porsche« usw., »Landrover« oder »Ente«? Heraus kämen vielleicht Erfahrungen, Projektionen, Bewertungen, die – meist unbewußt – das Verhalten im Verkehr beeinflussen und die – integriert oder abgespalten – in Beziehung zu anderweitigen Lebenserfahrungen und Deutungen stehen.

Drei Fragen:

a) Wie heißt mein Traumwagen oder Traummotorrad?
b) Welches Fahrzeug würde ich am liebsten kaufen?
c) Welches fahre ich tatsächlich?

Mag sein, daß es sich bei a und b um dasselbe Fahrzeug handelt. Vielleicht ist a auch ein Sportwagen und b ein Camper. Heraus kämen vielleicht die Werte, die Phantasie und Verhalten leiten, rationale Beweggründe und Rationalisierungen, Erfüllungen und Frustrationen sonst im Leben. Mit welchen Symbolen deuten wir sie in den verschiedenen Lebensbereichen?

Man kann die Teilnehmer einladen, einen »Lasterkatalog« zusammenzustellen, wie ich das in Kapitel VI,3 getan habe, und über die Hintergründe nachzudenken. Ein »Tugendkatalog« und entsprechende Paränesen ließen sich dann erarbeiten.

Unser Umgang mit Zeit: Dabei kommt es mir nicht nur darauf an, über

Selbst- und Fremdbestimmung realistisch nachzudenken, über Prioritäten und den Mut zum Ja oder Nein. Auch gutes Planen ist ein Verplanen und kann mich verführen, den Montag nur in seiner Funktion für den Mittwoch zu erleben und die Straße mit ihren Schönheiten und Schwierigkeiten nur als zeitraubende Strecke zum nicht immer geliebten Ziel.

Unser Umgang mit Hindernissen: Rote Ampeln und Staus auf der Straße, berufliche Konflikte und Krankheiten. Wie – sicher ganz unterschiedlich – steht es mit Geduld und Ungeduld und mit unserer Bereitschaft, aus solchen Erlebnissen bereichernde Erfahrungen werden zu lassen? Wie steht es mit Umwegen, Sackgassen, Einbahnstraßen, Holzwegen, Vorfahrtstraßen, Weggenossen, Karambolagen? Was bringt uns »weiter von dem Ziel«? Wie finden wir den, der uns führt »auf rechter Straße um seines Namens willen?«

Unser Umgang mit Risiken: Einigen begegne ich mutig, anderen übermütig, einigen realistisch, anderen überängstlich. Beim Überholen wie bei krebsverdächtigen Bauchschmerzen wie gegenüber meinen Kindern bin ich derselbe und verhalte mich doch nicht in gleicher Weise.

Suchtähnliches Verhalten: Wo und wie tue ich, was ich eigentlich nicht will, und obwohl ich mich nachher – und ein bißchen schon dabei – über mich ärgere?

Unsere Beziehung zu Menschen und Sachen, zu Anfaßbarem und »Geistigem«, zu Technischem und Natürlichem usw.

Eine anspruchsvolle, erfolgreich erprobte Gruppenarbeit: Alle Anwesenden schreiben frei assoziierend auf: Was geht mir beim Autofahren durch den Kopf? Gedanken, Gefühle, Phantasien, übrigens auch von Leuten ohne Führerschein. Diese Einfälle werden dann den Lebensthemen zugeordnet, die Erik Erikson als Reifungsphasen benennt[73]. Diese wiederum regen zu neuen Einfällen an.

Aus der Fülle der Einfälle hier ein Beispiel für jedes Thema:

URVERTRAUEN – MISSTRAUEN: »Ich muß mich den anderen anvertrauen – komme ich zurück?« Zur Meditation z.B.: Ps 139.

AUTONOMIE – SCHAM UND ZWEIFEL: »Ich bin stolz auf mein Auto – oder ist es eine Nummer zu groß (zu klein)?« Zur Meditation vgl. z.B.: 1.Mose 3, sein wollen wie Gott und sich schämen.

73 A.a.O. siehe Anm. 15.

INITIATIVE – SCHULDGEFÜHL: »Ich habe Angst, einen Unfall zu verursachen.« Zur Meditation z.B.: 1.Mose 4, besonders das Kainsmal.

WERKSINN – MINDERWERTIGKEITSGEFÜHL: »Die Autos, die wir bauen, ›um uns einen Namen zu machen‹, sie sind gut.« Vgl. 1.Mose 10.

IDENTITÄT – IDENTITÄTSDIFFUSION: »das wunderbare Gefühl von Freiheit, besonders bei den ersten Fahrten mit dem neuen Führerschein.« Vgl. 1.Mose 11,1ff.

INTIMITÄT – ISOLATION: »Ich schlage die Autotür zu und bin endlich allein.«

GENERATIVITÄT – STAGNATION: »Lohnt diese Fahrt?«

INTEGRITÄT – VERZWEIFLUNG: »Ich brauche kein besonderes Risiko, das Leben ist riskant genug«.

Schließlich die 10 Gebote:

Was fällt den Teilnehmerinnen und Teilnehmern ein, wenn sie assoziativ die einzelnen Gebote zum Straßenverkehr in Beziehung setzen? Dabei kann theologisches Fachwissen im zweiten Gesprächsgang kritisch oder weiterführend zur Geltung kommen. Zunächst soll es die Einfälle nicht filtern.

Zum Beispiel:

»Ich bin der Herr, dein Gott ...«: Manchmal vertraue ich ihm zu wenig, manchmal mute ich ihm einiges zu. Ich will fahren wie ein Gott. Umgekehrt: Wer oder was treibt, lenkt, jagt mich?

»Du sollst den Namen des Herrn, deines Gottes, nicht mißbrauchen«: Mit welchen Liedern und Alltagssprüchen, mit welchen Stoßgebeten und Verwünschungen wird sein Name geheiligt oder gelästert? Wie benenne ich seine Ebenbilder?

»Du sollst den Feiertag heiligen«: Vielleicht kann es auf dem nächsten Parkplatz ein wenig sonntäglich sein. Was, wenn Sonntagsfahrten und Sonntagsfahrer anstrengender werden als der Alltag?

»Du sollst Vater und Mutter ehren ...«: Ist es Veralterung oder Liebe, wenn sie manchen Fahrwünschen der Jungen mit Skepsis begegnen?

»Du sollst nicht töten«: Wie kommt es, daß ich, wenn überhaupt, z.B. beim Überholen etwas von Gefahr für mich spüre, aber kaum von Gefährdung der anderen?

»Du sollst nicht ehebrechen«: Das Auto als Bett wäre ein Thema, das weniger mit Sicherheit zu tun hat. Aber das Auto als Braut?

»Du sollst nicht stehlen«: Zum Beispiel die Vorfahrt.

»Du sollst nicht falsch Zeugnis reden«: Von selbstbetrügerischen Rationalisierungen war schon oft die Rede.

»Du sollst nicht begehren deines Nächsten Haus«: Manche weichen sofort nach rechts, wenn im Rückspiegel ein Mercedes auftaucht, andere »nun gerade nicht«. Was wird da projiziert?

»Du sollst nicht begehren deines Nächsten Weib, Knecht, Magd ...« ... Chrom, Spoiler, Turbo oder alles, was du dir nicht leisten magst. Man wird ja vom Besitzdenken nicht frei, indem man sich darüber bei andern mokiert.

3. Seelsorgerliche Gespräche

Angenommen, bei einem Besuch von Konfirmandeneltern erzählt der Vater zunächst dies und das, unter anderem wie er morgens und abends zwischen Wohnung und Büro mit Verkehrsstaus zu tun hat und wie die Schwester des Konfirmanden gestern eine schlechte Note aus der Schule nach Hause gebracht hat: Wahrscheinlich wird der besuchende Pfarrer oder die Pfarrerin die Sache mit dem Stau als Teil des anfänglichen small talk betrachten, den Schulerlebnissen der Tochter aber größere Aufmerksamkeit widmen. Warum?

Wie schon in Kapitel V angedeutet, will ich die Kolleginnen und Kollegen anregen, selbstkritisch darüber nachzudenken, welche Themen wir als beiläufig zu betrachten pflegen und welche wir einer engagierten Nachfrage, einer Beratung oder theologischen Deutung für würdig erachten. Natürlich werden wir versuchen zu beachten, was unseren Gesprächspartnern am Herzen liegt. Aber auch wir haben unsere Prioritäten und unsere Berührungsängste. Erfahrungsgemäß widmen wir uns generell eher kritischen Erlebnissen als den Ambivalenzen des Alltags. Und speziell fühlen wir uns eher für »Probleme« in familiären Beziehungen oder für Krankheit, Trauer, Einsamkeit zuständig, viel weniger für unsere Beziehung zu Sachen und Sachverhalten. Ich halte solche Auswahl für nicht selten irrational, jedenfalls nicht für plausibel. Denn erstens ist nicht auszuschließen, daß in dem angenommenen Fall die täglichen Erfahrungen im Verkehrsstau den Konfirmandenvater emotional viel stärker bewegen als die vielleicht ausnahmsweise mal unbefriedigende Schulnote seiner Tochter. Zweitens können hier sein Selbstwertgefühl und – sicher eher halb- oder unbewußt – sein Welt- und Gottesbild und seine Spiritualität auf dem Spiel stehen.

Mir geht es darum, den erfreulichen und unerfreulichen Alltagserfahrungen Aufmerksamkeit zu schenken und Kompetenz zu deren Deutung zu entwickeln. Sicherlich gibt es auch im Bereich des Straßenverkehrs besondere Krisen, für die man sich als Seelsorger ohne weiteres zuständig fühlt. Dazu gehören Unfälle. Dazu gehören familiäre Konflikte um die Frage, wann die Kinder welchen Führerschein und welchen Zugang zu Fahrzeugen bekommen sollen. Nicht weniger leicht dürfte manchen alten Menschen der Entschluß fallen, Führerschein und Zündschlüssel endgültig aus der Hand zu legen. So naheliegend und hilfreich in solchen Situationen seelsorgerliche Begleitung sein kann, sie ist kein Ersatz für den seelsorgerlichen Beitrag zur Deutung dessen, was wir alltäglich und normalerweise erleben.

In den meisten Überlegungen der vorangehenden Kapitel ging es deshalb auch um dieses »Normale«, um die spirituelle Dimension und symbolische Deutung des Alltäglichen. Theologie und Religion haben es nicht nur mit zu bewältigenden Krisen zu tun, sondern mit der Kultur des täglichen Lebens. Wer in der reisenden oder rasenden Fahrt zum Urlaubs- oder Konferenzort kein Thema für sensibles Zuhören, dialogischen Erfahrungsaustausch und theologische Deutung sieht und etwa »Tempo 100« nur als Thema öffentlicher moralischer Appelle aufgreift, leistet keinen Beitrag zur Kultivierung des Verkehrs. Einen Beitrag dazu leisten wir, wenn wir uns gegenseitig zu tieferem Verständnis dessen helfen, was wir täglich erleben und tun. Es gibt nicht mehr oder weniger geeignete oder gewichtige seelsorgerliche Themen. Seelsorgerlich werden Gespräche dadurch, daß wir uns gegenseitig fragen, wie unsere Seele, also unsere Beziehung zu Gott, mit uns unterwegs ist.

4. Liturgie und Paränese

Liturgie und Paränese dienen der kontinuierlichen Pflege und Erinnerung dessen, was einem gültige, aber damit doch nicht unangefochtene Überzeugung ist. Man darf die Unterschiede zwischen beiden nicht verwischen.

Die Paränese ist zweckrational und wendet sich als moralischer Appell an die Adressaten: Vergiß nicht ...! Die Liturgie spricht meditativ oder betend als Lob und Klage, Bitte und Dank. Als zweckrationaler indirekter Appell wird sie peinlich. Die Paränese ist final: Ich rede, *um zu ...*, es sei denn, *weil* ich meiner selbst nicht sicher bin und also lieber beten als Moral predigen sollte. Gebet und Mediation sind kausal: Ich spreche, *weil ...*, es sei denn, *um zu* manipulieren, sollte dann also lieber Moral predigen als beten. Dennoch: beiden geht es um Einübung gegen die Vergeßlichkeit. Und was für die technischen Fertigkeiten des Fahrens gilt, gilt erst recht für die damit verbundenen Einstellungen und Überzeugungen. Zu wissen, wie Kupplung, Gashebel und Bremse zu betätigen sind, ist wichtig. Fahren kann man erst, wenn man es in den Füßen hat. Aber während die Füße kaum jemals wieder »vergessen«, wenn sie es einmal gelernt haben, vergessen Psyche und Ratio viel leichter.

Wenn ich eine normale Fahrt antrete, sagen wir etwa 75 km weit, zu einem schon häufig angesteuerten Ziel, dann »wissen« Füße und Hände, was sie zu tun haben. Meinen Verstand beschäftigt vielleicht die Frage, ob ich noch tanken muß. Mein Gefühl bewegt vielleicht ein bißchen die ängstliche Hoffnung, daß nichts dazwischen kommt, ein Stau z.B. oder Glatteis.

Wenn das alles ist, bleibt vieles vergessen. Die Fahrt könnte erfreulicher werden, wenn es nicht vergessen bliebe. Vielleicht geschieht sogar ein Unfall, weil es vergessen geblieben war. Dazu einige Beispiele, sowohl als Anregung, sich weitere einfallen zu lassen, als auch Anregung, sie so umzuformulieren, daß daraus ein liturgisches Gebet für einen Gottesdienst oder ein Reisesegen entsteht, oder ein individuelles Gebet zum Beginn einer Fahrt, oder paränetische Sätze zu öffentlichem oder privatem Gebrauch:

Statistisch gesehen ist die Chance sehr gut, heil und pünktlich anzukommen. Glaube ich an die Statistik oder an mich selbst oder an die anderen, die mit mir unterwegs sind? Natürlich tue ich das, und es ist gut so. Aber Gott, mit dem ich es in der Statistik und in mir und in den anderen auch zu tun habe, will auch gefragt sein. Meine Zeit steht in seinen Händen.

Ich breche zu einer Reise auf, die für meinen Großvater ein mittelgroßes Unternehmen gewesen wäre. Vielleicht hätte er es zu diesem Zweck gar nicht unternommen. Das sagt etwas über unseren Zuwachs an Beweglichkeit. Was lasse ich mir daraus sagen über die Wichtigkeit oder Eitelkeit unserer Ziele? »Eins ist not!« Mein heutiges Tagesziel ist wohl kaum dieses »Eine«, aber sicherlich steht es dazu in guter oder schlechter Beziehung. »Meine Wege sind nicht eure Wege, spricht der Herr«. Paßt das Gebet, daß er mich auf seinem Weg mitnehmen möge, zusammen mit der Bitte, daß er mich auf meinem Weg begleitet?

Mit dem Drehen des Zündschlüssels setze ich eine Mechanik in Gang, an der 1000 Teile mitwirken, sinnreich erdacht und aufgrund 100jähriger Erfahrung konstruiert. Ihr Zusammenspiel übersteigt meinen Verstand. Habe ich das Meine getan, damit es funktioniert? Was würde mein Auto dazu sagen, wenn es ungefragt reden könnte? Und Gott, der als Schöpfer und Erhalter, als Leidender und Erlösender, als Heiligender und Vollender alles in allem ist?

Ich werde unterwegs ungezählten Menschen begegnen. Nur mit wenigen werde ich einen Blick oder ein Handzeichen tauschen. Aber ich verlasse mich auf alle, so wie sie sich auf mich verlassen, in vernünftigen Grenzen und gelegentliche Fehlleistungen einrechnend. »Nehmt einander an, wie Christus euch angenommen hat, zu Gottes Lob.«

Ein Unfall kann geschehen. Das lehrt sogar die Statistik, die ich ja geschönt habe, um ihr zu entnehmen, daß es immer nur die anderen trifft. »Lehre uns bedenken, daß wir sterben müssen, damit wir klug werden«.

Unterwegs werde ich vielleicht gegen den Polo das »Recht des Stärkeren« reklamieren oder das »Recht des Schwachen« gegen den LKW. Ich werde mich am Zebrastreifen vielleicht »edel . . . hilfreich und gut« fühlen. »Womit habe ich das verdient?« werde ich vielleicht an der 10. roten Ampel fragen, oder wenn ich vor dem plötzlichen Stau gerade noch rechtzeitig zum Stehen komme. »Wer wagt gewinnt«, aber »Vorsicht ist die Mutter der Porzellankiste« usw. Ich nehme ja die ganze popularisierte Philosophie- und Theologiegeschichte mit auf die Reise. »Dein Wort ist meines Fußes Leuchte und ein Licht auf meinem Wege.«

Ich werde durch eine Landschaft fahren, vielleicht durch Städte und Dörfer, die ich schon häufig gesehen habe. Aber sie werden heute aussehen wie nie zuvor und niemals wieder. Von ihren unendlich vielen Details kann ich einige wahrnehmen, die mir noch nie aufgefallen waren. »Herr, deine Güte reicht soweit der Himmel ist und deine Wahrheit soweit die Wolken gehen«.

Das Gebet für Reisende und der Reisesegen haben eine lange liturgische Tradition. Wenig davon findet sich in den heute offiziellen Büchern. Im evangelischen Gesangbuch stehen neben dem tiefsinnigen aber schwierigen »In Gottes Namen fahren wir« (Nr. 388) nur noch »Ich zieh in ferne Lande« (Nr. 292, Verse 10ff) mit altertümlichen, aber recht schönen Bildern, an eine wirklich große Reise denkend, etwas zu anspruchsvoll, wenn ich mich um 9 Uhr vorbereite, um 9.10 Uhr zu einer Sitzung aufzubrechen.

In evangelischen Liturgien findet sich wohl die Fürbitte für die »Seefahrenden und Reisenden«. Gut, aber zu wenig. Ein Pilgersegen und ein Reisesegen für Urlauber stehen im katholischen Benediktionale[74]. Daraus einige Formulierungen, leicht verändert oder ergänzt:

Das Kyrie:

Herr Jesus Christus, du bist von Ort zu Ort gewandert, um die Frohe Botschaft zu verkünden. Herr, erbarme dich. Du bist den Weg zum Kreuz gegangen, um uns von der Last der Sünde zu befreien. Christus, erbarme dich. Du hast nach deiner Auferstehung zwei Jünger nach Emmaus begleitet, um ihnen Gottes Wort zu erschließen. Herr, erbarme dich.

Ein Gebet:

Gott, du hast Abraham auf allen Wegen behütet. Du hast das Volk Israel auf trockenem Pfad durchs Meer und in der Wüste zum Wasser geführt. Den Weisen aus dem Morgenland hast du durch den Stern den Weg zu Christus gewiesen.

Geleite uns auf unserer Fahrt. Sei bei uns unterwegs und am Ziel. Schütze uns vor jedem Unfall, und laß uns unversehrt nach Hause zurückkehren. Gewähre uns schließlich, daß wir das Ziel unsrer irdischen Pilgerfahrt erreichen und das ewige Heil erlangen.

Ein anderes Kyrie-Gebet:

Gott, Vater, Ursprung und Ziel unsers Lebens.
Erbarme dich unser.
Gott, Sohn, Weg, Wahrheit und Leben.
Erbarme dich unser.
Gott, Heiliger Geist, Licht auf unseren Wegen.
Erbarme dich unser.

74 Benediktionale, Benziger (Einsiedeln und Zürich) und Herder (Freiburg und Wien) 1978.

. . .

Heiliger Christophorus, bitte für uns.

Christophorus? Wie schon gesagt, Talisman oder Amulett gehören nicht zur Ausstattung meines Wagens. Auch mit Christophorus habe ich keine Geschichte. Hat er eine mit mir? Als Junge hatte ich eine Fahrradklingel, auf die sein Bild geprägt war und der Spruch »Aspice Christophorum et tutus viam carpe«. Wie es dazu gekommen war, weiß ich nicht mehr. Für das evangelische Kind in einer katholischen Umgebung war es eine Merkwürdigkeit.

Die Legende erzählt[75], daß Christophorus von riesiger Gestalt war und sich auf die Suche nach dem größten König machte. Bei einem besonders mächtigen christlichen König mochte er nur bleiben, bis er bemerkte, daß er sich ängstlich bekreuzigte, sobald vom Teufel die Rede war. Da suchte und fand er den offenbar stärkeren Teufel. Aber als der um ein Kruzifix einen Bogen schlug, trieb es den Riesen weiter, den offensichtlich noch stärkeren Christus zu suchen, von dem ihm schließlich ein Einsiedler zu erzählen wußte. Diesem König nach der Mönchsregel mit Fasten dienen mochte er nicht, zu beten verstand er nicht, so ließ er sich von dem Einsiedler seine Art des Dienstes weisen: Die Reisenden über einen Fluß führen, in dem schon viele umgekommen waren. Für ihn war der Fluß nicht gefährlich. Erst als ihm Christus als Kind begegnete und sich über den Fluß tragen ließ, wurde ihm die Last auf der Schulter fast zu schwer, und die Wogen gingen hoch, daß er fürchtete, darin umzukommen. Nachdem – zum Beweis der Wahrheit dieser Christusbegegnung – sein Wanderstab Blüten und Früchte getragen hatte, zog er in eine Stadt zu den gefangenen und gefolterten Christen. Er hatte gelernt zu beten, zu predigen, Askese zu üben und sich ohne Gegenwehr schlagen zu lassen. Er wurde selbst zum Märtyrer.

Solange er seiner Kraft und seiner selbst sicher war, war ihm weder die Frömmigkeit des christlichen Königs, noch das schreckliche Aussehen des Teufels interessant im attraktiven oder abstoßenden Sinne. Nur ihre Stärke interessierte ihn, und ihre Angst trieb ihn zum jeweiligen Gegenspieler. Weder sein Unwille zu fasten, noch sein Unvermögen zu beten, noch die Fluten des Flusses konnten ihn anfechten, solange er sicher war, dem größ-

75 J. de Voragine, Legenda Aurea, Hg. J. Laager, Zürich 1982.

ten König auf seine Weise zu dienen. Erst als er dem Kind begegnete, stieß er an die Grenzen seiner Kraft, erlebte sich bedroht und wurde ein anderer: Immer noch stark, aber nun betend und asketisch, leidend und tröstend Weggefährte auf einer anderen Reise.

Warum sollte ich ihn nicht als Begleiter einladen? Moralprediger bemühen sich an allen Wegen um eine Mitfahrgelegenheit, vor diabolischen Versuchungen beschwörend warnend. Und auch die Gegenspieler wollen mitfahren, um angeblich unbeirrbar geradliniger, in Wahrheit selbstbetrügerisch wirrer[76] Zielstrebigkeit willen vor den Kreuzen am Wege die Augen verschließend. Daß nur nichts passiert: Darum geht es beiden. Christophorus ist als Begleiter wohl vertrauenswürdiger. Er würde mich nicht hindern, zeitweilig und gelegentlich den anderen beiden zu folgen. Aber er würde ihre ängstliche Schwäche rechtzeitig entlarven. Er würde mich über den Fluß geleiten.

Über den Fluß: Wir überqueren ja manche Flüsse auf unseren Autofahrten. Wir nehmen sie kaum noch wahr auf unseren bequemen Brücken, ahnen und spüren folglich kaum noch etwas von dem, worauf sie von alters her symbolisch verweisen als Jordan, Jabbok, Acheron, Rhein oder Rubikon in vielfältiger Weise. Wer auf die Furt oder den Fährmann angewiesen war, ahnte wohl, wie etwas auf dem Spiel stand, was auch sonst das Leben an »Übergängen« charakterisiert: Gefahr und Bewahrung, Angst und Vertrauen – Fluten und fester Boden, mitgerissen werden oder hinübergelangen – Tod und Wiedergeburt, teilhaben an Zeit und Ewigkeit. Von hohen und breiten Autobahnbrücken ist der Fluß kaum zu sehen, und gefährlich wird er allenfalls bei Hochwasser. Vielleicht meldet sich ein Rest der alten Bedeutung, wenn ich mir – geht es anderen auch so? – wünsche, auf der Fahrt über eine Brücke wenigstens einen kurzen Blick auf das Wasser zu erhaschen. Ich bin ein bißchen traurig, wenn es nicht gelang, weil das Geländer zu hoch war oder der Verkehr alle Aufmerksamkeit erfordert hat. An manchen Brückenköpfen gibt es Parkplätze; man sollte sie vermehren.

Das Bild des durch die Wellen schreitenden Christophorus könnte mich wieder wahrnehmen lassen, daß unter unseren Brücken immer noch Flüsse sind, und daß es auf den Autofahrten wie auf der Lebensreise Stationen zu passieren gilt, an denen man nicht derselbe bleibt. Es sei denn um den

76 Teufel = Diabolos, zu deutsch: der die Dinge durcheinanderwirft.

Preis verarmender Gedankenlosigkeit oder lähmender Verdrängung. Christophorus könnte Mut stiften, hinzusehen und sich verändern zu lassen: An der Unfallstelle zum Beispiel oder am Rasthaus, auf der noch nie gefahrenen Straße oder unter den mit- und gegeneinander im Stau wartenden Zeitgenossen.

Schließlich wurde auch Christophorus mit seiner Schwäche konfrontiert. Nur um diesen Preis fand er bei der Begegnung mit dem Kind neue Stärke. Das muß ja nicht alltäglich so sein. Aber manchmal geht nichts mehr. Der Wanderstab des Christophorus trägt dann Blüten und Früchte.

Im Jahre 1926

gründeten kraftfahrende Pfarrer einen Versicherungsverein. Zuerst stand dabei die Fahrzeugversicherung im Vordergrund, aber schnell wurde das Versicherungsangebot der Bruderhilfe Kassel VVaG auf die Versicherungsbereiche für den persönlichen Bedarf erweitert: Die Selbsthilfeeinrichtung für alle im Bereich der Kirchen, der Diakonie und Caritas haupt-, neben- und ehrenamtlich Tätigen bietet heute zeitgemäß: die Verbundene Hausrat-Versicherung, die Allgemeine Haftpflichtversicherung, z. B. Privathaftpflicht und Amtshaftpflicht, die Allgemeine Unfall-Versicherung, Reise-Versicherungen, Verbundene Wohngebäude-Versicherung und auch die Musikinstrumenten-Versicherung zu besonders günstigen Beiträgen an. Dazu gehört auch ein umfassendes Rechtsschutzversicherungsprogramm, das durch den Bruderrechtsschutz Kassel VVaG, seit 1971 angeboten wird.

Vergleichen Sie uns mit anderen – wir dürfen es nicht.

Schnelle Hilfe für die Betroffenen, fachkundige, unverbindliche Beratung und problemlose Schadenregulierung sind für die Bruderhilfe besonders wichtig.

Fragen zur Kraftfahrzeughaltung, Schaden- und Unfallverhütung werden schon seit über 60 Jahren durch den Automobilclub „Bruderhilfe e. V." besonders beachtet und publiziert. Der Automobilclub für kirchliche Mitarbeiter ist dem Deutschen Touring Automobilclub (DTC) angeschlossen und bietet seinen Mitgliedern dadurch weitreichende Unterstützung.

Die Bruderhilfe beschäftigt sich bereits seit 1926 mit Fragen der Unfallverhütung und Verkehrssicherheit und möchte durch die Gründung der Bruderhilfe-Akademie für Verkehrssicherheit im Jahr 1980 diese Arbeit noch vertiefen. Mit ihrem traditionellen jährlichen Verkehrssicherheits-Kolloquium und der Verleihung des im Jahr 1977 gestifteten Bruderhilfe-Preises für Verkehrssicherheit will die Bruderhilfe auch die Öffentlichkeit verstärkt ansprechen.

Über 220000 Versicherte nehmen unsere äußerst günstigen Beiträge bereits in Anspruch. Fordern Sie bitte unser Gesamt-Versicherungs-Programm an. Auch in Ihrer Nähe sind Vertrauensleute, an die Sie sich wenden können. Sonst schreiben Sie bitte an:

BRUDERHILFE-GRUPPE KASSEL

Kölnische Straße 108–110 · 3500 Kassel · Postfach 100540